TABLE OF BRITISH POSSESSIONS

in the different quarters of the Globe.

With an approximate estimate of their Area & Population, Shewing also the Date of their acquisition.

III ASIATIC POSSESSIONS.

	Area in Sq. Miles	Population by Last Census
India, acquisitions from 1661 to 1856		
States in Bengal Presidency	221,869	40,852,397
D° Madras D°	132,090	22,437,297
D° Bombay D°	131,544	11,790,042
North Western Provinces	105,759	33,655,193
States under the direct administration of the Governor General, including Punjaub, Cis Sutlej States, Oude, Nagpore, Pegu, Tenasserim Provinces, Penang, Province Wellesley, Malacca & Singapore	246,050	23,255,912
Total British States in India	837,412	131,990,901
Ceylon (taken 1795)	24,448	1,555,835
Aden (taken 1839)	5	22,000
Hong Kong (ceded 1842)	30	53,069
Labuan I. (ceded 1846)	30	751
Kuria Muria I.s		
Total Asiatic Possessions	861,923	133,582,554

IV AUSTRALIAN POSSESSIONS.

	Area in Sq. Miles	Population by last Census
Australia, comprising New South Wales, Victoria &c. (1788)	3,000,000	500,289
Chatham I. (discovered 1791)	477	1,200
Tasmania (settled 1803)	25,000	70,164
Norfolk I. (settled 1825)	17	
New Zealand (settled 1839)	86,000	18,171
Total Australian possessions	3,111,491	589,535

V AFRICAN POSSESSIONS.

	Area in Sq. Miles	Population by last Census
St Helena I. (ceded 1673)	76	5,200
Sierra Leone (settled 1787)	875	45,461
Cape Colony (taken 1806)	110,256	175,695
Mauritius (taken 1810)	708	167,865
Seychelle I.s (taken 1820)	80	6,800
Settlements on Gambia R. (1816)	17	4,554
Ascension I. (settled 1816)	44	350
Settlements on Gold Coast (ceded 1821)	264	13,120
Fernando Po (1833)	700	5,000
Natal (taken 1845)	15,000	20,000
Total African Possessions	128,015	458,775

From the above Table it appears that the superficial extent and population of the British Empire, exclusive of dependent possessions, may be estimated as follows

	Area	Population		Area	Population
In Europe	122,067	27,160,280	In Asia	861,923	133,582,554
In America	7,980,970	3,047,847	In Australia	3,111,491	589,535
			In Africa	128,015	458,775
			Grand Total	7,214,467	164,848,971

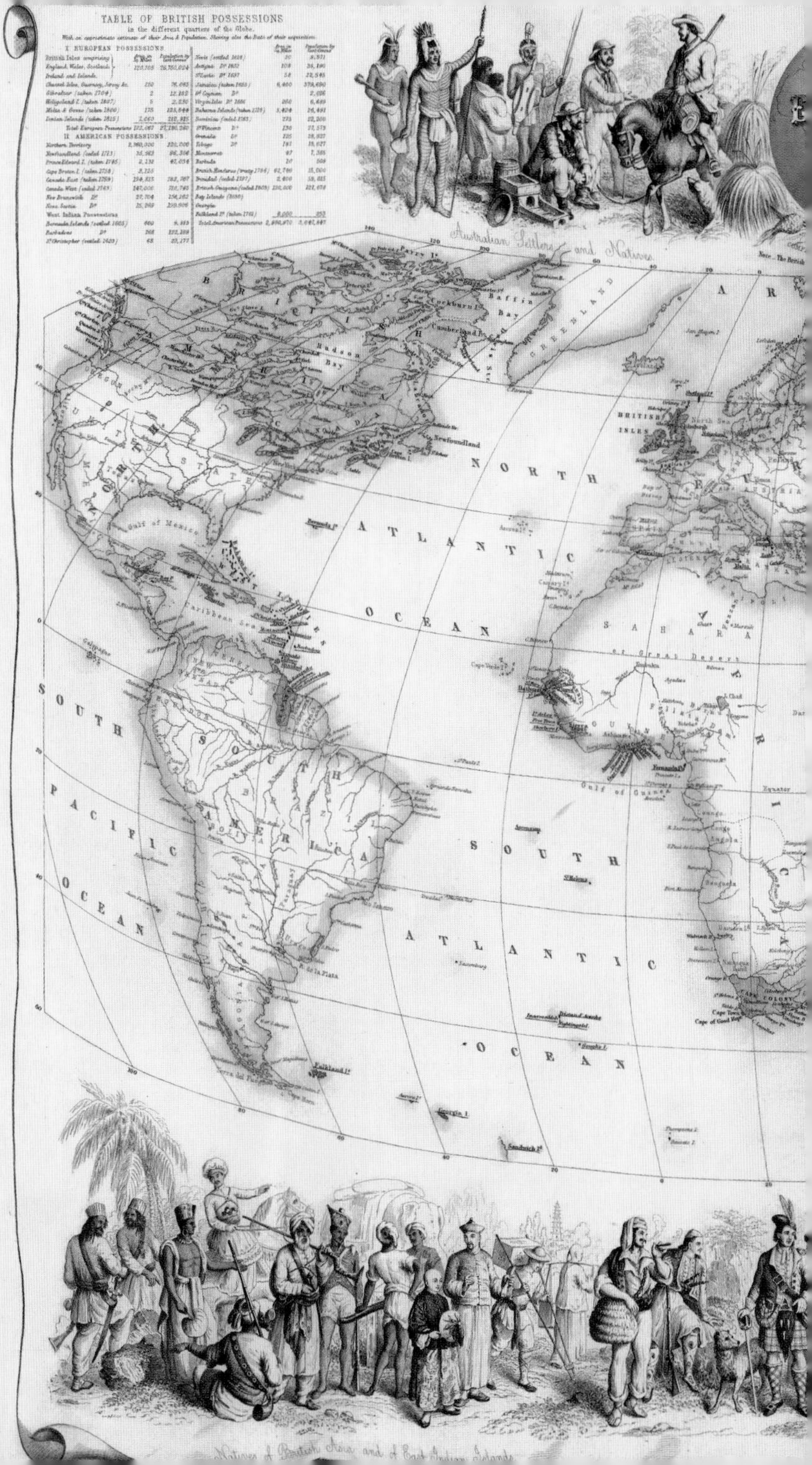

繪製於一八五〇年，即約翰・尼可逝世二十五年後的世界地圖。紅色區塊為當時大英帝國及其海外領土。

圖片來源：TOP PHOTO

spot

context is all

SPOT 2
在海上：約翰・尼可的冒險與人生
The Life and Adventures of John Nicol, Mariner

作者：John Nicol
譯者：李淑珺
插畫：劉晏呈
責任編輯：冼懿穎
美術編輯：BEATNIKS
封面設計：蔡南昇
校對：呂佳真

法律顧問：全理法律事務所董安丹律師
出版者：英屬蓋曼群島商網路與書股份有限公司台灣分公司
發行：大塊文化出版股份有限公司
台北市10550南京東路四段25號11樓
www.locuspublishing.com
TEL：(02) 8712-3898　FAX：(02) 8712-3897
讀者服務專線：0800-006689
郵撥帳號：18955675　戶名：大塊文化出版股份有限公司

總經銷：大和書報圖書股份有限公司
地址：新北市新莊區五工五路2號
TEL：(02) 8990-2588　FAX：(02) 2290-1658
製版：瑞豐實業股份有限公司

初版一刷：2013年4月
定價：新台幣 250 元
ISBN：978-986-6841-24-8

在海上

約翰·尼可的冒險與人生

The Life and Adventures of
John Nicol, Mariner

John Nicol——著　李淑珺——譯

導讀

輔仁大學歷史學系助理教授　汪采燁

《約翰·尼可的冒險與人生》（*The Life and Adventures of John Nicol, Mariner*）是一部精采的作品。約翰·尼可（John Nicol）生動而清晰的自述，經由霍威爾（John Howell）流暢的編寫，帶給想輕鬆閱讀的讀者一場有趣的海上冒險故事，想研究大英帝國與海上霸權議題的學者也可以在本書中找到豐富的題材。

尼可的人生冒險無疑是一個小人物的故事，然而身在大時代的小人物，也能迸出奇妙的際遇火花，留下獨特的人生故事。身為水手，處在英國海上霸權時代，尼可屢次與海盜相戰，和北美和大西洋上原住民貿易，和南美西班牙人交涉，目睹黑奴的悲慘遭遇，參與美國獨立戰爭（一七七五—一七八三）和法國大革命戰爭（一七九二—一八〇二），尼可的小人物故事有了特殊的歷史背景，於是便成就了一段段獨特的、具歷史意義的冒險故事。

尼可（一七五五—一八二五）出生於蘇格蘭愛丁堡附近的小村莊庫瑞（Currie），

屬於工人階級，從小被訓練為桶匠，卻因為《魯賓遜飄流記》的感召而不顧父親的勸阻，一心想成為水手。他終於在一七七六年加入皇家海軍，以桶匠身分跟隨「普若提斯號」（Proteus）來到北大西洋。美國獨立戰爭期間，尼可被徵召至「驚奇號」（Surprise），直至一七八三年戰爭結束。隨後，他隨捕鯨船「格陵蘭海上巨獸號」（Leviathan Greenland）來到北國海域，又曾加入「棉花農人號」（Cotton Planter），航行至中美洲西印度群島。往後他參與「喬治國王號」（King George）的環球貿易之旅，先後來到福克蘭群島、歐胡群島、阿拉斯加沿岸、中國等地。再回到英格蘭時，已是一七八八年秋。隔年七月，尼可被派為「茱莉安夫人號」（Lady Julian）的船務長，遣送兩百多位女性犯人至澳洲。如同大部分船員一樣，尼可在犯人中選了一位女性為「妻子」，並在航行中得一子。一七九〇年六月抵達澳洲傑克森港（Port Jackson），此地一別，兩人不曾再聚首。尼可為了與妻兒相見，此後不斷找機會出海，曾跟隨貿易商船來到紐西蘭、南美洲、葡萄牙。一七九三年他躲過國家徵召，隨「諾丁罕號」（Nottingham）經爪哇，再次來到中國。然而在一七九四年即將抵達英格蘭之際，被強行徵召入皇家海軍，參與法國大革命戰爭，歷經「聖文森海角戰役」（The Battles of Cape St. Vincent），也來到埃及作戰，直至一八〇一年「亞眠休戰」（The Amiens Truce）才解除職務。

他回到家鄉蘇格蘭，娶表妹為妻，發願此後不再浪跡天涯。然而拿破崙戰爭（一八〇三—一八一五）很快就再度爆發，一八〇三年後，尼可為了躲避海軍一次強行徵召，放棄城市或港口的工作機會，來到鄉村的採石場任職。拿破崙戰爭一戰十二年，戰爭結束後尼可的生活已是貧困至極。然而，當他在一八二一年決定去倫敦申請服役證明並領取退休金時，時效已過。困苦與無助步步相逼，他僅靠撿煤炭取暖，以廉價馬鈴薯勉強維生，堅持不上街乞討，不進入救濟院。一八二二年，出版者霍威爾因為對水手生平故事感興趣，請求尼可公開他一生的經歷。出於對金錢的迫切需要，尼可乃以口述的方式，將其二十五年的海上經驗公諸於世。

歷史研究告訴我們，十八世紀的英國人熱愛出海旅行，法國和義大利尤其是熱門的目的地。當時的期刊如《評論》（*The Critical Review*）就曾這樣描寫這個時代：「這時代（十八世紀下半葉）或許該被稱為遊歷的時代（The Age of Peregrination），英國人普遍地渴望見識外面世界，造成出海旅行盛行。」[1] 該期刊也指出，在十八世紀，「去歐洲旅行」、「記下旅行見聞」和「出版旅遊日誌」一直在英國中上層社會風行[2]，這個時代留下大量的旅行日誌，記載海上經歷和歐陸見聞。然而這一類資料通常是中上層階級所留下，水手（工人階級或下層階級）的見聞錄付之闕如。再者，階級的高下，代表旅行方式的不同，其留下的經驗也就不同。貴族和鄉紳階級的旅行又稱「紳士旅行」（the grand tour），主要的作用在教育，娛樂或政治和社會觀察。這樣的歐洲旅行活動在十八世紀下半葉達到高峰，並已擴展到中產階級，女性亦可出遊。法國大革命爆發後，許多英國人繼續前往法國，以期見證大時代的變動。從此，旅行變成一項政治活動。以往英國人到法國主要是觀察在地禮儀，當代城市或歷史遺跡以及參與娛樂社交活動。而法國大革命提升了人民的政治意識，以至十八世紀末和十九世紀初去法國的旅行者多在其旅行書寫中，表達出對於政治議題的關心，尤其是政治改革、自由和戰爭等議題。也因為十八世紀末葉英國長期處於戰爭之中，中上層社會的英國人在旅行日誌中，也逐漸表現出國家意識和自我與他者敵對的現象。

尼可的見聞錄帶給我們新的視角，讓讀者從一個蘇格蘭人、英國下層階級、被強行徵召者、水手的角度去看待許多歷史事件。例如他對於各種國度或階級的人民的描寫，如身為奴隸的黑人，工作環境惡劣，屢遭虐待，卻仍然樂天知命，歡歌樂舞，保持高昂精神；又如西印度群島的女性黑奴實際上就是妓女，經常遭受「歡樂販子」殘酷的鞭打。尼可也曾來到歐胡島，成為庫克船長在此地被殺害後第一批抵達的英國商船，在此他描述了印地安人的生活方式和語言。此外，尼可曾三次來到中國，留下許多記錄，如「會吃任何活的東西」、「狡猾的」、「缺乏創造力的」中國人，官僚的欺善怕惡、地方上的民間信仰、禮儀和婦女裹小腳的現象等。又如他對於「茱莉安夫人號」上的女犯人和生活狀況的詳細描述，為後世欲研究澳洲早期女性移民提供重要線索。關於水手生活的描寫，我們也可以看到聖文森戰役中，船上的女性和男性一樣英勇，幫忙搬運火藥。也有婦女在戰火正烈時分娩。從尼可的敘述中顯示出，每艘船艦就像一個村莊或一個社群，裡頭有男有女，也有孩童。另外，船隻每到港口時，就會有許多妓女上船尋找生意。

尼可對於英國政府強迫徵召水手也做出了描述。尼可一開始是自願加入皇家海軍，一七九四年則被強行徵召入海軍。一八〇一年退役後，他不想再做海上浪子，苦苦躲避政府的強行徵召。文中表現出十八世紀下半葉以降的大英帝國仰賴大量手水來建立海軍勢力，以支持其海上霸業，而海軍的大量來源，乃是以強行或暴力方式徵召下層階級入伍。在國家的待遇上，宣稱建立在自由之上的帝國，卻往往將來自下層階級的水手視為奴隸，沒有給予他們應得的報酬。十八世紀的帕斯禮海軍將領（Thomas Pasley）曾說：「可憐的水手，你們是我們這個以自由為名的國家的真正奴隸……雖然國家的存在得依靠你們的力量。」[3]在美國獨立戰爭和法國大革命戰爭時，關於英國政府強行徵召下層人民為水手的問題，不斷被激進分子所批評，而尼爾森將軍（Admiral Nelson）身為海軍將領時也反對政府對於水手的惡劣待遇。拿破崙晚年被放逐到聖赫勒拿島時，曾對其愛爾蘭籍醫生說道，「你談論你們的自由，但有什麼比你們強迫徵召水手入伍的行為更為恐怖？」[4]因為法國的徵兵制（conscription）是針對所有階級的男性徵兵，不似英國的強行徵召（impressment）是針對下層階級、無預警的、以武力方式徵召人民成為水手。

讀者也可以在尼可的回憶錄中，看到關於英國的自由問題和英國人的國家意識問題，這正好呼應了當時中上層階級時常關注的課題。在法國大革命戰爭和拿破崙戰爭威脅下，英國發展出普遍的政治保守態度和愛國主義，此時的文學或政治性作品也表現出清晰的國家認同和國家意識。關於十八世紀英國國家意識議題，柯麗（Linda Colley）在一九九二年出版的《大不列顛人：打造國家》（*Britons: Forging the Nation 1707-1837*）堪稱經典之作。她從十八世紀到十九世紀初英國「他」、「我」意識型態的發展，來分析國家意識的形成，並認為英國人對於地方（如蘇格蘭或英格蘭）的忠誠和對於國家的效忠並不牴觸。此外，英國在十八世紀不斷與歐洲爭戰，也就凝聚了英國人的自我意識，不斷界定是「英國／我」，什麼是「敵人／他者」，因此國際性戰爭成為凝聚英國國家意識的重要推手。讀者可以在尼可的回憶錄中印證柯麗的論點：身為蘇格蘭人的尼可，自始至終熱愛他的家鄉，以蘇格蘭人為傲，總會區分出甲板上的蘇格蘭人、英格蘭人、威爾斯人和愛爾蘭人，當有人嘲笑或鄙視蘇格蘭時，他一定挺身而出，將對方擊倒。但在面對海外人士的威脅或面對英國政府時，他終究是個愛國者，矢志為政府辯護，即使已退役，當他聽到英國海軍在特拉法加戰役勝利的消息時，他也得意洋洋，與有榮焉。晚年尼可不斷逃避政府的強行徵召，並不是不愛國或畏戰，而是浪跡天涯已久，欲安居故鄉。

一八二一年，退役二十年後的尼可，在不得已之下終於至倫敦申請服役證明，希望領取退休金紓困。此行目的失敗後，他只能再回到愛丁堡拮据過活，但他並未因此而痛恨英國政府，隔年他自述水手生活時，依舊表現出對於英國政府的忠誠，以英國為傲。即使其他工人嘲笑尼可的處境和行為——不斷躲避政府的徵召，竟然還堅持英國是自由的國度，或者每當工人抱怨時機艱困，賦稅沉重，尼可都試圖以海外故事帶開話題。他自始至終相信英國是建立在自由之上的帝國，也堅持身為國家子民就應該效忠政府，甚至指出「迫於必要時，便無法律可言」，在國家需要水手時，就得使用各種手段強行徵召人民入伍。

從尼可自述其經歷的口吻中透露出，曾經在美國獨立戰爭和法國大革命戰爭中為英國海軍做出貢獻，使他自視高於其他底層人物，他覺得自己曾為國王工作，國家也曾供他十四年溫飽，因此尼可感到自豪，自覺其個人存亡和國家是相連結的。乃至於一八〇五年英國在特拉法加海戰中獲勝後，他開心的走在路上，心中充滿勝利的狂喜，而他也明白這種心情是只有老水手才能夠理解。

不過，值得注意的是，當代歷史學家柯麗在討論英國國家意識和愛國主義時，其實並未注意到水手對國家的效忠問題和國家強迫徵召的現象。事實上，目前歐美學界在處理英國國家意識、戰爭和國族主義問題時，普遍忽略了為了帝國在海上稱霸而被強迫徵召的大量水手的資料——當然，關於英國海軍的研究和書籍還是會處理水手的自傳性資料。蘭德（Isaac Land）在二〇〇九年出版的《戰爭、民族主義與英國水手》（*War, Nationalism, and the British Sailor, 1750-1850*），主要就是針對此項不足而做出的研究。然而諷刺的是，柯麗等歷史學家在論述英國國家意識形成時，忽略了水手的重要性，十八世紀中葉至十九世紀，靠海軍撐起霸業的英國國家體制也漠視了水手的貢獻，未給予對等報酬，導致尼可晚年饑寒交迫，難以維生。

英國政府的確愧對這些為她建立起海上帝國的水手，也難怪尼爾森將軍在一七九七年寫下「我們是被忽略的一群，承平時候（國家）對待我們的態度是可恥的。」[5]在十九世紀初期的保守菁英社會，普遍未正視水手在戰時的貢獻，對於這類小人物的作品越來越頻繁的出現在出版界中，也表示不認同。這類作品在評論性期刊中往往為保守派所嘲笑，就如同保守派作家洛克哈特（J. G. Lockhart）在一八二七年的《每季評論》（*Quarterly Review*）中，對於包括《約翰．尼可的人生與冒險》在內的十本自傳以輕視的口吻做出介紹，其中甚至沒有討論尼可的作品，遑論提及小人物在海上對於國家的貢獻，以及尼可在面對同儕攻擊其政府時做出的維護。

幸而《約翰．尼可的冒險與人生》出版的一百多年後（一九三七年），英國曾再版此書，二〇〇〇年時富蘭納里（Tim Flannery）又整理並再次出版了此書，獲得廣大讀者好評——當我們查看亞馬遜等網路書店的讀者評價時，看到的是一面倒的讚賞。小人物的故事終於在二十一世紀得到廣大讀者回響，更有甚者，由於「網路與書」將原書翻譯為中文，讓華語世界也能夠一睹大英帝國時期一位小人物如何將自己的命運和國家連結在一起，如何看待海外大千世界。

注解

1 *Critical Review*, 19 (1797), 361.

2 *Critical Review*, 19 (1797), 361. 關於十八世紀晚期大量的旅行書寫出版，見 *Critical Review*, 5 (1792), 294.。

3 R. M. S. Pasley, *Admiral Sir Thomas Pasley, Private Sea Journals 1778-1782* ed., (London, 1931), p. 61.

4 Barry E. O'Meara, *Napoleon in Exile*, or *A Voice From St. Helena*, vol. 2 (1822), p. 381.

5 N. H. Nicholas, *The Dispatches and Letters of Vice Admiral Lord Viscount Nelson*, vol. 2 (1854), p. 402.

在海上：約翰·尼可的冒險與人生

CONTENTS

作者序

一般大眾一定覺得奇怪，一個不學無術的人到了六十七歲的老邁年紀，為什麼會想到坐下來公開描述他的一生。請容我以急迫的處境作為為自己辯解的理由，相較於好意者的執意請求，其實主要還是急切的需要促使我決意下筆。我將以我謙卑的努力，盡力使它顯得有趣，也與事實相符。

我的一生，在一段二十五年的時間裡，歷經了不斷的改變——我環遊全球兩次，三度到中國，兩度到埃及，不只一次從努特卡灣[1]到合恩角，航行過整片美洲大陸沿海，我還兩度繞過合恩角——但我就不在此預告接下來的故事了。

即使年邁，我心仍未改變；倘若我仍一如過去那般年輕力壯，我仍會踏上發現之旅程。但我已身體虛弱、四肢僵硬，只能為那堅固的船與它歡喜的心送上我的祈禱。

譯注

1 努特卡灣（Nootka Sound）：加拿大英屬哥倫比亞太平洋的海灣。

John Nicol aged 67

1

作者的出生——自幼的偏好——前往倫敦——成為桶匠學徒加入海軍——走私犯——到達魁北克

我在一七五五年出生於庫瑞（Currie）這個小村莊，距離愛丁堡約六英里。我心中最早生出的願望就是流浪，而為滿足我年少的熱情，父母經常得四處尋找我的蹤影。

母親在我很小的時候就因難產而過世，留下父親獨力照顧五個孩子；其中兩個早夭，另外三個得以成年。我的大哥擔任海軍上尉時，在西印度群島因受傷而死，我弟弟去則了美洲，自此再也沒有他的音訊。我本不會提起這些瑣碎的狀況，但我察覺到，家人的離散，是與我父親同階級的數千個蘇格蘭家庭的共同命運。

父親以製桶維生，是個有天分與知識的男人，並致力於要給孩子們適合他們社會階層的教育；但我不安定的個性讓我無法善用所學。我反覆讀了《魯賓遜飄流記》

許多次，渴望能夠出海。我們曾在波內斯1住了一段時間，我盡量把每一分鐘都花在船上或海邊。

在我大約十四歲時，父親必須去倫敦，為一家化學工廠做一份小差事。直到現在，我都記得聽到父親告知要去倫敦時，我年輕的心簡直飛上了天。我算著每一分每一秒，終於等到登上湯普森船長（Thompson）指揮的，從蘇格蘭西南部格拉斯哥與派斯里（Paisley）出發的定期船。除了船員以外，船上還有一位中士、幾個新兵、一位女性乘客、我父親、哥哥，以及我。我們航行的時間是在十二月，天氣非常糟，所有乘客都暈船，但我從沒有。這是在一七六九年，約克郡沿海發生了恐怖的傷亡——超過三十艘商船都遭遇船難。我們也被捲進同樣的風暴，但撐了過去。第二天早上，我們因為船隻殘骸的阻擋而幾乎無法前進，整個海岸遍布屍體，鄉下的人用運貨馬車載走遺體。

父親大力利用這個機會，想嚇阻我成為水手，他是個慈愛但嚴格的父親，我們都不敢違逆他。但這場風暴並沒有改變我的決心，在我年輕的心靈裡，水手生活跟危險或暴風雨都是密不可分的，而且我視它們為我渴望的冒險裡很有趣的部分。我所有時間都待在甲板上，並且全神貫注地計畫遭遇暴風雨時脫逃的方法。我很享受這段航行，也急切地想學習一切，並且深受船長跟水手們喜愛。

父親的老闆之一此時正在翻譯一本有關化學的法文書。我幾乎每天都會拿著校樣去印刷坊。有一天，我經過倫敦塔附近時，看到一隻死掉的猴子漂浮在河裡。我這輩子見過的猴子不超過兩三隻，因此我想牠應該很有價值，於是立刻脫光衣服跳下河，想把牠撈起來。一個有同樣想法的英格蘭男孩，他若不是不會游泳，就是不願意游泳。等到我拖著猴子上岸時，這個男孩就一把抓住這隻猴子要我給他，否則他不惜跟我打一架。如果我們體型差距較大，我也就認了，但我們體型相近，於是我決定跟他決鬥。眾人聚集起來，圍成一圈。我雖然是異鄉人，但獲得公平的競爭，在激烈打鬥後贏得勝利。那英格蘭男孩跟我握了手，說：「蘇格蘭人，你贏了。」我之前剛從水裡出來，所以是光著身子打架，從水裡上來後直到此刻我才穿上衣服，以勝利之姿帶著戰利品離開。可是，回到家後，因為我跟人打架，也由於我遲遲沒消沒息，而被父親打了一頓。但是，那猴子的皮補償了我所有的不快。

我待在倫敦剛滿十二個月時，父親就派我去蘇格蘭學習一技之長，為了取悅他，我選擇了桶匠的職業。我跟一個朋友在皇后渡口（Queensferry）待了一段時間，但是跟他相處不睦，於是在波內斯度過冗長沉悶的學徒生涯。我的心始終不在這職

業上，我的雙手箍著桶子的環圈時，心思卻飄過大海，我的想像都在異國風土上。一等我身為學徒受到奴役的日子結束，我便跟朋友們道別，帶著雀躍的心前往愛丁堡以北的海港市利斯（Leith）。我以出師的師傅身分工作了幾個月，技藝精鍊之後，才得以在由拉爾夫・丹達斯（Ralph Dundas）中尉指揮的「肯特眷顧號」（Kent's Regard）船上找到一份差事，這艘船當時（一七七六年）是停泊在利斯水道的駁船。

現在我很快樂，因為我在海上了。對我而言，起錨航向泰晤士河上諾爾島[2]的命令，是最喜悅的聲音。我想到終於快要獲得我從懂事之初就一直嚮往的歡娛，便精神高昂。但對他人而言，這卻是悲哀的聲音，因為那命令切斷了他們最後一絲微弱的希望，讓他們再也無法逃離這違反他們喜好與興趣，而強加在他們身上的命運。我很意外看到這麼少人跟我一樣，是出於熱愛而選擇這種生活。有些人是因為自己踰矩的行徑而被迫上船，但更多人是被徵召進海軍服役。

之前不久，「奧吉維號」（Ogilvie）緝私船跟「哈沙德號」（Hazard）小軍艦在聖安德魯海灣（St Andrew's Bay），緝獲了一艘正在運送貨物的走私駁船。走私犯耗盡最後一槍一彈地全力抵抗，並傾盡所能阻止軍方上船。許多皇家軍人都受了傷，而走私者也傷亡慘重。他們在被擄獲之後，宣稱他們的船長已在砲火交鋒中身亡，遺體也被丟入海中。於是其餘的人被送到愛丁堡城堡囚禁，直到我們出航的前一晚。他們上船時，那壯碩的身形與亡命之徒的神情令我們十分驚愕，他們比我這輩子所見過的任何人都更意志堅決。他們全被送到下方的徵兵房去，志願入伍者則被允許到甲板上，並可在船上四處自由走動。

一天晚上，在我們航向諾爾的途中，整艘船都被徵兵房傳來的，喊著有人殺人的高聲吶喊所驚動。一支武裝小隊被派下去查明原因，鎮壓叛亂。他們及時趕到，從這些亡命之徒的手上，搶救下一個奄奄一息的不幸傢伙，他之前一直在利斯擔任通風報信的告密者。徵兵房裡許多人淪為階下囚，都要歸功於他；這些走私者從他們口中得知他的身分，於是同聲一氣地撲上去，將他打個半死。他被帶到軍醫的艙房時，身上有許多嚴重的割傷。由於他可恥的告密者身分，船上幾乎無人同情他。幾天後他好轉了些，能夠走路了，但再也沒被送下去徵兵房。

我們一抵達諾爾，一紙法院傳票就被送到船上，要其中一個走私者為債務出庭，我們都懷疑他就是之前走私船的船長，而這是一項計謀，試圖讓他離開這艘軍艦。

我接著被派到「普若提斯號」（Proteus），一艘由羅賓森船長（Robinson）

指揮，即將前往紐約的二十門砲軍艦。這些走私者大都也被送到這艘船上；他們是如此身形壯碩、活力十足、又經驗老到的水手，因此羅賓森船長用他們作為駁船的人力。

我們帶著軍火跟一百個壯丁從樸茨茅斯[3]出發，他們即將駐守在尚普蘭湖[4]上的浮動砲台。

我被指派擔任桶匠，這讓我如釋重負，因為我可以跟船務長在他的艙房裡用餐，而得以遠離船員們。在這之前，我一直因為這駁船上的男人滿口的污穢字眼與肆無忌憚的言語而覺得很心煩，渾身不自在。我這一生都習於言語謹慎，早晚禱告，但現在我卻身處在家中從不禱告的人群中。更雪上加霜的是，軍人們非常不健康，每天早上，我們都得把一個士兵或一頭羊的屍體丟下海去。一開始我私下禱告及讀《聖經》，但是事實上，我不得不坦承，我逐漸變得越來越輕忽，不久我也成了跟其他人一樣的士兵。我深感不安，也多次試圖改變，卻徒勞無功。

我們跟著艦隊直接航向魁北克。一抵達之後，水手們因為吃醃漬的食糧太久，而毫無節制地狂飲河水，幾乎都染上了腹瀉。「普若提斯號」因此被迫在此停泊六個星期，等候這些男人在醫院裡康復。在船上的差事完成後，羅賓森船長很好心地容許我上岸工作，我於是找到一位法國人雇主，給我極佳的報酬。我整天在岸上工作，晚上則回到船上睡覺。

注解

1 波內斯（Borrowstownness）：蘇格蘭中央低地靠岸的市鎮。
2 諾爾（Nore）：英國泰晤士河的河口沙洲。
3 樸茨茅斯（Portsmouth）：位於英國英格蘭東南部漢普郡。
4 尚普蘭湖（Lake Champlain）：北美洲的淡水湖，主要位於佛蒙特州與紐約州，亦有部分跨越了美國和加拿大的邊界。

11

加拿大——捕魚方法——蛇——木筏——航向西印度群島奴隸制度——抵達紐芬蘭

加拿大是一片美麗的土地，四處物產豐饒，住民善良慈悲。聖羅倫斯河（St. Lawrence）裡滿是鮭魚，印第安人每天都會帶魚來，有的是煙燻的，有的是生的，來交換餅乾或豬肉。他們會把木樁插入漲潮線內的沙地裡，在上面綁上柳條籃子，藉此捕魚。這籃子有兩個開口，一個朝向河的上游，一個朝向下游。兩邊開口並沒有門，但是末端尖銳的枝條讓魚無法逃脫或退出，一旦牠們的頭進入其中，整個身體都必須隨之進入，這種捕魚用具很像英國用的鐵籠捕鼠器。有些籃子則有會隨著潮流關起來的門，就像在蘇格蘭的捕鼠器。等潮水漲上來時，印第安人就會檢查他們的籃子，也總會發現其中多多少少都有些魚。

法國人會吃這土地上多產的各種蛇類，我並不知道牠們是否美味，因為我始終無法鼓起勇氣嘗嘗看。不過，我想牠們必然很好吃，因為牠們並非因為此地缺乏其他食材，才成為食物選擇之一。我經常在晚上跟我老闆出去捕蛇，我們會用一種尖端分叉的棍子抓蛇，法國人非常靈巧，但我也很快就學會了。我們經常一晚就能抓到兩打蛇：我們一發現一隻蛇，就會用棍子尖端的叉子夾住牠頭後方的脖子，將牠從地面抓起來，然後用另一支棍子打牠的頭，直到將牠處死為止。我們會在回家之後將蛇頭切掉，並剝下蛇皮。牠們的皮非常美麗，因此許多軍官都用蛇皮做成隨身佩劍的劍鞘。

我很驚訝看到許多巨大的木筏子如同漂浮的島嶼般，穩重地漂過河上。它們上頭覆了草皮，還蓋了小木屋，煙從屋頂裊裊升起，孩子們在屋門前玩耍，威嚴的女主人坐在她的椅子上縫縫補補，或是操持家務；而丈夫則坐在木筏前頭，用他長長的竿子引導著筏子沿著河岸漂流，或遠離河中的任何危險。他們船尾的小舟載著他們販賣了冬天辛苦勞動砍伐的木材後，採購的生活必需品，他們就這樣沿著遼闊的聖羅倫斯河漂流數百英里。看這些孩子在這漂浮的巨大木筏上嬉戲或高聲齊唱，真像魔法一般，也讓我想起我經常聽說的仙子，因為距離縮小了他們的身形，也圓潤了他們歌聲的旋律，不過他們耗費體力的工作讓人想來便感到震驚。我只要思及他們的艱辛，對他們享樂的歆羨也會就此澆熄。他們真是個開朗的民族啊。

我想不出有什麼比在夏夜裡，躺在綠草青翠的河岸上，聽著那些女人一邊划著小舟，一邊唱著悠揚的歌聲讓划槳動作齊一，更能觸動情感，撫慰心靈。我會好幾個小時躺在草地上，看著聽著她們，渾然不覺時光的流逝。

從進入聖羅倫斯河之後，我一直都過得很愉快。在往上游時，我們前進的速度驚人——河岸上的樹跟一切景物，都像是以閃電的速度般從身邊飛逝，迎面而來的風非常清爽。我們經過不遠處的安特科斯特島（Antecost），並在領航員居住的畢克島（Island of Beak）下錨。當時這裡由一位老中士擔任地方官，他名叫羅斯，曾跟隨渥爾夫將軍[1]拿下魁北克。我們繼續往上游航行，風向跟潮水都對我們有利，讓我們順利經過接下來的康德島（Island of Conder），它看起來像一座完美的花園。接著是水霧直沖天際的莫蘭特瀑布（Falls of Morant），彷彿從比我們頂桅頂端風向標更高的地方落下，發出恐怖的隆隆水聲。我們最終來到了奧爾良島[2]，一個無與倫比的美麗地方；它很接近城鎮，而且就像康德島一樣，從頭到尾都是一座完美的花園。

最後，我們所有人都回來了，所有貨物也都上岸了。我對我的法國老闆跟岸

上所有朋友道別，並且航向加斯佩灣3。我們在這裡，跟由渥斯船長（Captain Worth）指揮的「協助號」（Assistance）五十門砲軍艦會合。所有船員都在地方官奧哈拉家人受洗的宴會上，好好大吃了一頓。受洗的五個孩子都很漂亮，最大的是一個端莊的女孩。他們所有人都還不曾受洗過，地方官於是把握機會，請「協助號」上的教士幫他們進行這必要的基督教儀式，因為這些孩子都是在這海灣出生的，但這個駐紮地並沒有神職人員。這些孩子與他們父母的境遇，與當時蘇格蘭人民的生活形成強烈對比，在我心底烙下深刻印象。可以說直到此刻，我才感受到我所離開的那些特別的恩典是如此可貴。

我們隨著船隊從加斯佩灣航向西印度群島，船隊的每艘船都裝滿了鹹魚。美國的私掠船像鯊魚似的環伺四周，找尋機會對任何航行緩慢的船隻下手。我們讓幾艘船隻加入保護行列，並讓整個船隊安全抵達目的地。

當我們在聖基茨島4補給用水時，那些走私犯趁機脫逃。他們逃離的方式正足以顯現他們的人格。羅賓森船長搭乘他的駁船上岸，而如我先前所說，駁船上的船員都是這些走私犯，包括舵手在內。等船長一離開水邊，他們就逃之夭夭。其中一人在逃走後又膽怯起來，便自己回來了。至於其他人，在當天晚上，當所有人在搜尋他們時，則搶了一艘屬於這座島的船，划到荷蘭人佔據的中立島聖佑斯達修（St. Eustatia），然後登上並奪取了一艘美國雙桅帆船，之後在一座法屬島上將它賣掉。據我所知，他們沒有任何人被抓回來，自己回來的那個則被所有船員瞧不起，再也抬不起頭來。

在我們停泊於西印度群島期間，甲板上都經常擠滿女奴隸。她們帶給我們水果，並在週日整天待在船上，直到週一早上——可憐的東西！全都只是為了能吃得飽飽的。到了週一早上，我們所稱的「歡樂販子」就會帶著他的鞭子上船來，而如果還有人沒離開，他會毫不猶豫地將鞭子揮向她們的背部。一個殘酷的惡棍有一次在我們的甲板上鞭打一個健康不佳的女奴，把她當成柱子一般狠狠一鞭打下——那可憐的女孩立刻發出尖叫。當時在他身邊圍繞了不少人，我們當中有些人便將這個惡棍打落船外，他就像石頭般沉下去——男人們歡呼起來！不過，其中一個女奴跟著他跳下船，躍進水裡，救起了這個暴君，而我毫無疑問地相信，這女奴也受過他許多殘酷的鞭打。

我是負責登船的人之一。萬一敵人企圖登船，我們都會帶上長矛來保衛船艦。另外我們還配有一把戰斧、一把短劍，與一對手槍，可以用來登上敵人的船。但我

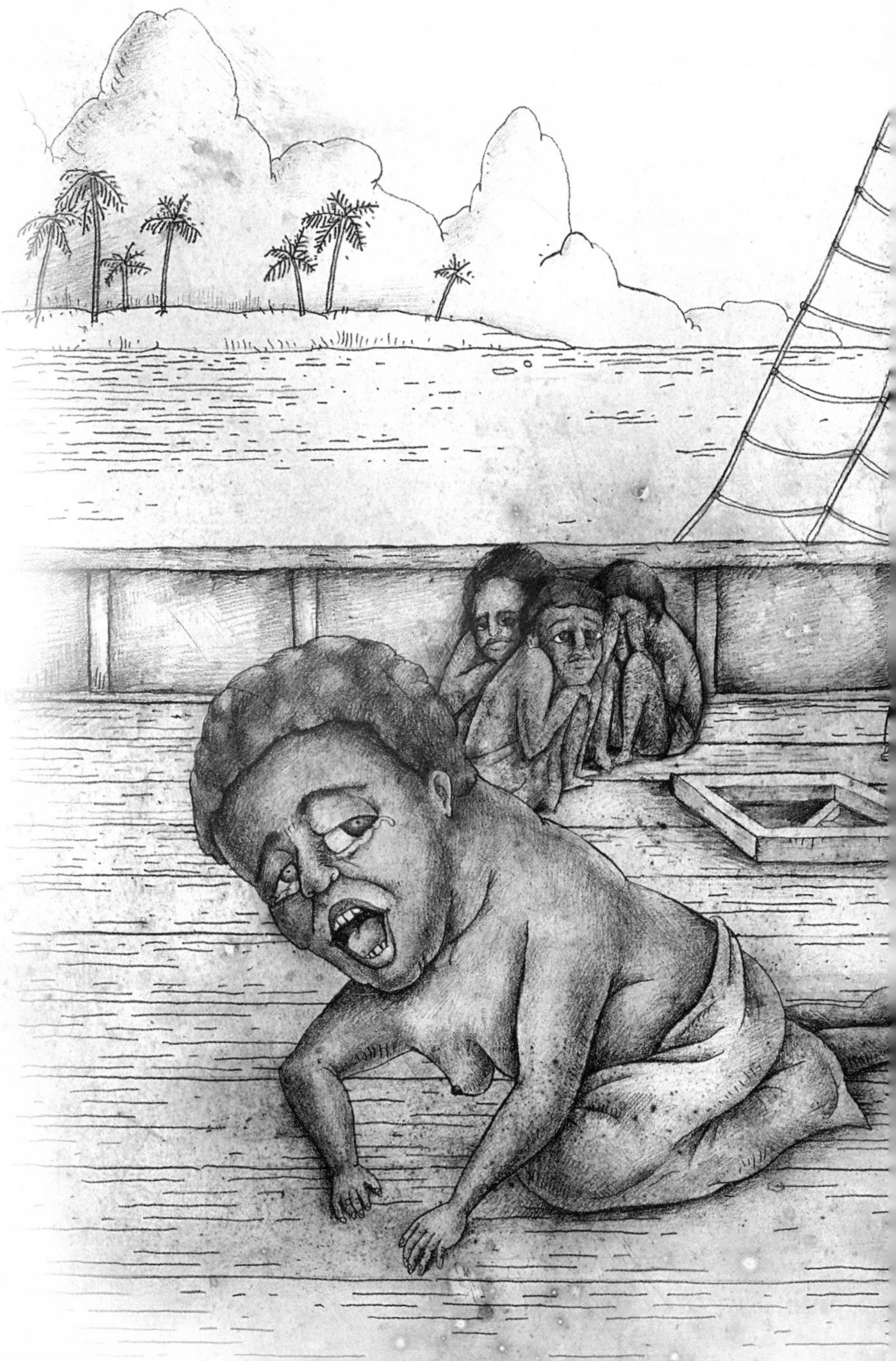

待在「普若提斯號」上時，從來不需要使用它們，因為私掠船通常在一兩輪砲火交鋒後，就會降帆投降。

我們停留在聖基茨期間，我感染了瘧疾而被抬到醫院去，在那裡臥病數日。但因為年輕力壯，加上黑人護士的悉心照料，我戰勝了這可怖的惡疾。當我能緩緩走出那間許多人前一天生病進來，第二天就被抬出去埋葬的醫院時，我想到自己對造物主的忽視，以及我過去這段時間所過的，不同於我年輕時所受教養的生活，便渾身顫抖起來。我含著淚水，發誓我會改過自新。此刻我能看到幾隻地蟹匆匆爬過兩三人的墳墓，而他們在我離開時原本還壯碩強健。在西印度群島，墳墓只挖到足以掩蓋屍體的深度，再用幾吋泥土蓋住，而且一切都會被地蟹迅速分解消失。黑人會吃地蟹，當我問他們為什麼要吃這些看來令人作嘔的東西時，他們的回答是：「為什麼不吃？牠們也會吃我啊。」

我回到船上時已經擺脫了瘧疾，但仍很虛弱。不久之後，我們帶領船隊航向英格蘭，再駛向樸茨茅斯港，進入船塢修理。當我持續著虛弱時，我得到的嚴重教訓也留存下來，但我必須承認，等我身體日漸強壯時，心裡的教訓也日漸減弱。

一等「普若提斯號」修好，我們就帶領船隊前往紐芬蘭的聖約翰（St. John's）。

我們在這次航程中遭遇了很惡劣的天氣，前桅還被風捲走。抵達聖約翰外海時，我們已經處於船隻殘破不堪、人員筋疲力盡的狀況。雪上加霜的是，我們在港口前停留了三星期，都無法進入，因為一座冰山擋住了港口。在這漫長折磨的三個星期裡，由於霧如此之濃，我們始終見不到太陽或天空。如果不是有漁夫不斷吹著號角，互相警告，避免被對方撞翻，我們簡直就像置身在冬夜裡的大海中一般。甚至當你身在「普若提斯號」的後甲板時，都無法看到它的船首，我們藉由漁夫獲得來自港口的補給跟情報。最後這可怖的濃霧終於散開，讓我們得以進入港內。「普若提斯號」是一艘資深的東印度公司的船，現在已經不再適合服役，於是艦隊司令下令將它變成囚犯船。

在這之後，我獲得了在岸上的全職工作，負責幫艦隊釀造雲杉啤酒。我手下至少會有兩個人，而且經常是三個人，受我指揮去砍伐雲杉跟柴火，供我使用。我是個重要人物，即使對當地人也是如此，因為我可以送他們雲杉的精鍊汁液，他們則會送我蘭姆酒。我於是快樂地跟他們生活在一起，相處和睦。

最令我訝異的是紐芬蘭的女性如此早婚，她們在十二歲就會懷孕生子。我跟一位商人有些來往，曾經在他家用餐過兩三次。我在第一次登門時問他，同桌的一個漂亮年輕女人是不是他的女兒。但令我很震驚的是，他告訴我那是他的妻子，也是三個漂亮孩子的母親。

在當地人稱為「荒地」之處，冬季的嚴寒十分可怖。所謂荒地是上面沒有任何樹木的空地，我們必須盡速通過這些地方，才能到達森林。等進入森林裡，相對就舒適多了，在樹木之間甚至還有些暖意。我們很快就因為砍樹的勞動而渾身出汗，只有想到回頭還要再穿過荒地，才會稍減我們眼前的享受。

當雪初下時，我們都必須待在屋裡等到天氣轉晴，然後男人們會穿上雪鞋，三人或四人並肩齊行，踏出一條通往森林的路徑。在日正當中時，太陽會讓小徑變得堅實，木頭便被放在狗拉的雪橇上，經由這些小徑到城裡去。不明就裡的人看到我們催促著狗兒，一隻手幫忙拉，另一隻手搓著耳朵，一定會微笑起來。我確信被迫在冬天穿越荒地，可以治癒任何拖延懶惰的習性。

許多漁夫因為賭博輸掉他們在夏天辛苦賺來的錢，只好被迫在冬天工作維持生計。此時，絕大多數的漁夫都是愛爾蘭人，而他們是人類所能想像的最放縱撒野的人物。他們熟悉賭博跟各式各樣的惡習，他們的爭執打架從來不曾停止，有時甚至會對彼此犯下謀殺的罪行。這裡的聖派翠克節充滿了吵鬧騷動與荒淫放蕩，是愛爾蘭任何城鎮都比不上的。我自己就親眼目睹他們大步經過在他們長年的仇殺打鬥中，被謀殺的一個不幸的男人；而每個人經過這動也不動的屍體旁時，還都補上一拳，同時用他之前所屬幫派常用的髒話罵他。在入夜後運送任何東西都是很危險的，我曾不只一次受到攻擊，得跟人打鬥才能全身而退。可敬的當地人因此幾乎像是活在這狂暴族群的奴役下。

到了夏天，蚊子和一種更糟糕的叫黃螫子（yellow nippers）的蒼蠅，讓我很是苦惱，因為牠們的螫咬讓人非常難受。而且牠們發出如此大的嗡嗡嘈雜聲，讓我在夜晚根本無法闔眼，只能求助於我的蚊子解藥——蘭姆酒與雲杉啤酒。

注解

1 渥爾夫將軍（James Wolfe, 1727-1759）：英國陸軍軍官，由於擊敗法國軍隊贏得亞伯拉罕平原戰役而聞名。
2 奧爾良島（Island of Orleans）：位於魁北克省聖勞倫斯河上的一座島。
3 加斯佩灣（Gaspe Bay）：位於魁北克省加佩斯半島的東北岸海灣。
4 聖基茨島（St Kitt's）：位於加勒比海上的島嶼。

III

「驚奇號」與「傑森號」的交火——軼事——種種事件不守規矩的懲罰——作者結清酬勞

我在岸上待了十八個月後，艦隊司令蒙塔格（Montague）命令我登上由里夫斯船長（Reeves）指揮的二十八門砲快速帆船「驚奇號」（Surprise）。幾天前，該船的桶匠在跟一艘美國船艦嚴重交火時喪生。「驚奇號」上的船員比「普若提斯號」上的更粗獷，其中九十個是愛爾蘭人，其他人則來自蘇格蘭跟英格蘭。我們持續四處巡航，拿下了許多美國私掠船。在一段短暫但猛烈的交鋒之後，我們拿下了由著名的曼利船長（Manly）指揮的，波士頓的「傑森號」（Jason）。他曾是美國海軍准將，後來被俘虜，但又違反釋放約定再上戰場。里夫斯船長出聲呼喊，下令他降帆投降時，他回應說：「開火吧！我的砲跟你一樣多。」他的軍火比「驚奇號」多，但人手較少。他跟我們纏鬥許久，我盡可能迅速地填裝火藥，子彈跟木頭碎片四處飛射。我聽到愛爾蘭人在其中一座砲後大喊（他們打起仗來像魔鬼一般，船長很喜歡他們這點），「哈囉，『塞子』，你在哪？」我望向他們的砲，看到我的吃飯傢伙[1]的兩個角橫在砲口前，下一刻它就射穿了「傑森號」的船身。這些流氓就這樣處決了我的吃飯傢伙，我在戰火爆發前才正在使用它，還將它收到一個安全地方，心想不會被他們拿到。「塞子萬歲！」他們看到那鐵砧在傑森號的船身射穿一個大洞時，就大叫起來。他們總是叫桶匠「塞子」。曼利船長來到「驚奇號」上，把劍遞給里夫斯船長表示投降時，他帽子的一半帽緣已經被砲火削掉。我們的船長把他的劍交還給他，說：「曼利，你僥倖逃過一劫啊。」——「我寧願被削掉的是我的頭，」他回答。

我們登上「傑森號」時，發現了三十一個騎兵，他們曾在柏蓋恩將軍（Burgoyne）麾下服役，現在則在「傑森號」上充當水兵。

「驚奇號」上一個名叫甘迺迪的水兵是個聰明的小夥子，很守規矩，也深受軍醫的喜愛。他們以前經常一起看書，一起吸收知識；他們是同鄉，也曾一起上學，是很親近的朋友，甘迺迪的家人從事很高尚的行業。我始終不知道他為什麼會落到如今低下的處境，結果，可憐的甘迺迪被派去看守「傑森號」的烈酒儲藏室。

如我所言，他是個好相處的小夥子，而且剛離家不久。甘迺迪讓男人們帶走烈酒，而當負責戰利品的軍官發現時，他們已經快要喝掛了。甘迺迪因而被解職，送到「驚奇號」船上，然後在第二天早上被銬上手銬，送上艦隊司令的船「歐羅巴號」（Europa），接受軍事法庭審判，並被判處在前桅帆桁的末端吊死。他的犯行無疑相當重大，因為這些男人可能不久就喝得不省人事，讓美國人可以輕易奪回「傑森

號」。但是我們全都為甘迺迪感到難過，也但願我們有能力做些什麼。他的軍醫朋友哀痛欲絕，極盡全力想挽回。他呈了一份請願書給司令懇求赦免，詳述這小夥子先前行為規矩，年紀尚輕，家世良好，以及他可以想到的所有對他有利的事，但一切都是徒勞。甘迺迪被帶到行刑場地，繩索套在他脖子上，火柴被點燃，神職人員也就位準備。我們全都在桅杆上或甲板上，等著看他在象徵死亡的砲火響起時，於砲火煙霧中被升上桁端。當所有人都等待著點燃砲火的命令時，司令卻很樂意地赦免了他。當他被送回「驚奇號」船上時，與其說是活人，不如說是更像行屍走肉，他幾乎無法走路，而且似乎對船上的一切都視而不見，彷彿他不知道自己是生是死。他這樣的狀態持續許久，鮮少與任何人說話，但他自由了，不用負擔任何職務，在船上就如乘客一般。

當「驚奇號」停泊在港口時，里夫斯船長會容許下面的人有些自由，但在海上時他非常嚴格要求紀律，即使最小的過錯也會受到懲罰。我們在抓到曼利船長，並在港口停留時，拿到了一些賞金，因此船員們十分開心。身為桶匠的我要負責在固定的時間分送水和食糧給大家，而我大多數時間待在下面的船務長艙房裡。有一天我的職責都已經結束，正跟船務長一起在我的艙房裡自得其樂，卻被甲板上的一陣吵鬧與騷動所驚擾。我們此刻滴酒未沾，我從來不曾染上酗酒這種惡習。當我們來到甲板上時，喝醉的船員們正在大打群架——英格蘭人對上愛爾蘭人，軍官們大都在岸上，而在船上的則袖手旁觀。我本來無意加入戰局，但一個愛爾蘭人蹣跚地朝我走來，大喊：「愛爾蘭萬歲！」並且揮拳向我。我的蘇格蘭血液在這挑釁下沸騰起來，於是跟其他人一起陷入混戰。這一切是如何結束的，我已經不復記憶。我由於挨了一拳而失去知覺，當我甦醒時，周圍一片寂靜，酒精已經從其他人身上蒸發，激情也從我身上退散。

在這件事後不久，我們招降一艘由雷威爾船長（Revel）指揮的美國私掠船，而他們也投降了，雷威爾的性格與英勇的曼利船長大不相同。由於氣候如此惡劣，我們無法派小船去登船，他們也無法派船來登上我們的船。里夫斯船長於是下令這艘船跟著我們行駛。當我們並肩航行時，暴風仍舊狂襲，而夜晚來臨時，我們聽到呼喊我們的聲音，在索具嘎嘎作響與狂風怒吼聲中幾乎難以分辨。最後，我們終於勉強聽出來是那個美國船長要命令他的一些俘虜跳海，里夫斯船長因而震怒，下令這艘私掠船在大桅樓上點一盞燈，但他卻只在一艘筏子上點了一盞燈，然後將它丟入海中漂浮。吼叫聲再度響起，讓我們知道發生了什麼事。里夫斯對那美國人喊道，如果他不遵照命令靠近我們的下風處，他就會立刻擊沉對方的船。接近早晨時，天氣緩和了些，我們便把雷威爾跟他的俘虜帶到「驚奇號」船上來。他是個相貌醜陋的粗鄙男人，他對待俘虜的方式讓他自己遭遇更糟的對待：曼利船長每天都在船長桌用餐，但雷威爾則是獨自進食，或在他自己選擇的地方跟俘虜一起進食。

我們護送船隊去里斯本，然後到英格蘭，並且在此將曼利與雷威爾送去米爾監獄[2]，在戰爭期間將他們拘禁於此。在去監獄的途中，雷威爾從押送他的海軍士官手中逃脫，這個士官因此受到軍事法庭審判，被判吊死，不過後來又被赦免。對我們而言，在同一季三番兩次俘虜同樣的人其實並不少見。

我們再度護送船隊去聖約翰。在船隊當中，有一艘名為「方舟號」的船是由諾亞船長（Noah）所指揮。這是一艘武裝運輸船，我們稱它為「諾亞方舟」。在出發的航程中，一艘美國私掠船逼近「方舟號」。它配備的砲火與「方舟號」相同，但「方舟號」上只有十六人，它卻有四十五個人。英勇的諾亞在他的方舟上向對方開戰，但我們沒有插手。在一場激烈的交鋒後，他們拿下了那艘美國船，將它帶在旁邊並行，而它的船長則陳屍在甲板上。之後里夫斯船長徵得船員同意後，將戰利品給了諾亞，他便將這艘船帶到哈利法克斯（Halifax）賣掉。

我們船上的一個人因為在協助一艘商船入港時，偷了船上的一些錢，而被處以在全艦隊各船鞭打之刑。這是令人不忍卒睹的景象，那不幸的受刑人被綁在一艘小船上，從一艘帆船划到另一艘帆船，由每艘船上的新手從船側鞭打他同樣的次數。那可憐的傢伙為了稍微減輕疼痛，而在懲罰開始前不久喝下一整瓶蘭姆酒。不過，就在他只接受了兩艘船的懲罰時，船長發現他醉醺醺的，立刻下令將其餘的處罰延後到他清醒時。他被小船送回「驚奇號」上，背上腫得有如枕頭，又青又紫。我們將一些厚厚的藍紙浸在醋裡，敷在他背上。在此之前他顯得不省人事，但此刻他的尖叫聲則響徹雲霄。在身體好轉之後，他又被送回先前他的苦刑暫停的那艘船，重新接受苦刑。

在剩下的戰爭期間，我們都肩負相同的職責，負責護送船隊並拿下美國的私掠船。我們隨著船隊來到英格蘭，並且停靠，接著在英倫海峽巡航，而擄獲了十八門砲的夏特爾公爵號（Duke de Chartres）帆船，而我們自己也在康沃爾海岸受到一艘法國的六十四門砲船艦追逐，被迫駛入蒙特灣（Monts Bay）。我們於是駛到逼近海岸處，由一座古老的碉堡掩護。我相信這座碉堡從奧利佛・克倫威爾[3]的時代開始就不曾發射過一顆砲彈，但它光榮地堅守它的崗位，法國人整晚不斷開火，但碉堡與「驚奇號」也還以顏色。破曉時，它終於轉向離開，我們只有些索具受損。我們這方唯一流的血，是碉堡裡一個老頭被自己的槍打中。

我對於單調的護送船隊工作已經相當厭倦，也看過了所能看的一切，而經常懷念起蘇格蘭福斯河（River Forth）的翠綠河岸。最後我的願望終於實現了，因為和平到來，「驚奇號」在一七八三年的三月拿到了所有報酬。里夫斯船長上岸時所搭乘的大型小艇上，裝滿了他從敵方拿下的旗幟，當一位軍官問他要如何處理這些旗幟時，他笑著說：「我會在我父親花園裡的樹上，每棵樹掛上一面。」

注解

1 原注：鐵砧。

2 米爾監獄（Mill Prison）：位於英格蘭西南部的普利茅斯，是十八世紀美國獨立革命期間許多美國人被囚禁的監獄。

3 奧利佛・克倫威爾（Oliver Cromwell, 1599-1658）：英國軍政領袖，曾推翻英皇，把英國轉為共和制聯邦。後出任英格蘭、蘇格蘭與愛爾蘭的護國公。

IV

作者抵達蘇格蘭——奇特的歷險——返回倫敦登上前往格陵蘭的船——捕鯨

我在拿到應得的薪水之後即刻前往倫敦，並在那裡享受了幾天，再將我的行囊跟衣箱放上一艘要開往利斯的船——除了我隨身攜帶以備不時之需的九基尼金幣以外，我存的每分錢都在裡面。這艘商船下了河，但是因為沒有風，又正逢退潮，因此船長告訴我們可以在倫敦過夜，只要在早上八點前上船即可。我把握了這個良機，結果卻錯過了我的行程。

由於我所有的儲蓄都在我的衣箱裡，而船上又有許多我不喜歡的乘客，因此我立刻搭上開往新堡（Newcastle）的驛馬車，因為當時還不像現在，有每天直接駛往愛丁堡的驛馬車。那時已是三月，但地上還有相當多的積雪，氣候雖然惡劣，但不像聖約翰那麼嚴寒。驛馬車出發時，車上共有四名乘客，包括兩位女士、另一位水手還有我。我們的女性同伴在頭幾段路程中都顯得高傲而冷淡，鮮少注意我們。因為她們的態度，我也很節制拘謹，但我的同伴卻很自在，跟她們聊著天，似乎毫不在意她們只有一兩個音節的簡單回答。他的聲音很好聽，不時會唱些片段的水手歌謠，持續試圖取悅對方。她們的拘謹最後終於慢慢消失，對話也變得較為隨和自然。此時我知道了她們是一對姊妹，之前去倫敦探望一位親戚，現在要回到她們的父親——一位富有的農人身邊。到了夜色低垂時，我們全都已經像是同船航行了好幾年一般親密。較年長的那位看起來約莫二十歲，對我似乎生出些愛慕之情，很感興趣地聽我講述我遊歷各地的經驗，年輕的那位，則對我活潑的同伴很感興趣。

我們並肩坐著時，我胸中開始升起一股不尋常的感覺，滿腦子都只想著我那美麗的同伴。而她也並不討厭我的關注，於是我開始幻想倘若能安定下來，跟這樣的妻子在一起，會有多快樂。經過數次嘗試後，我下定決心握住她的手。我輕按她的手，但她輕柔地抽了回去。我嘆了口氣，她於是將手擱在我手臂上，悄悄詢問我是否不舒服。我正打算告訴她我的感覺與期盼，驛馬車卻在驛站停了下來。此時我真希望我們是航行在大西洋當中，因為一輛有頂篷的馬車駛來，一個矮胖開朗的老男人上前迎接她們，叫著她們的名字，並各自給了她們兩人大大的一吻。我覺得很失望。他是她們的父親，但我美麗的瑪麗對她父親慈愛的招呼，似乎不如他預期的歡喜。

我的同伴威廉是個英格蘭人，他說他不要再繼續前進，而要留下來努力贏取他美麗旅伴的心。我告訴他我眼下的處境，說我的衣箱跟所有家當都在那艘往利斯的商船上，而且我不知那艘船的下落，因此不得不盡快繼續趕路，否則我也真心渴望留下來，分享他的幸運。我可以看到瑪麗在我道別時臉色蒼白，而威廉告訴他們，他不再往前走時，她的妹妹則顯得歡天喜地。在馬車出發之前，我要求他承諾寫信告訴我，他成功的過程；我也保證一旦找到我的衣箱，見到父親後，就會盡快回來，他答應會盡力信守承諾。我悄聲對瑪麗承諾，我很快就會來看她，並在我們分開時輕按了她的手，她也同樣回按。我並沒有完全絕望，只是當威廉也陪同搭上那個農夫的馬車，一起駛離時，我真希望自己是他。

驛馬車抵達新堡時，我立刻又買了到愛丁堡的車票，並在那艘船抵達前就先到了利斯。船入港時，我上了船，發現一切都好端端的原封不動。我接著前往波內斯，但沒想到父親已經過世一段時間了。這讓我非常失望傷痛，我真希望自己當時在家，能得到他最後的祝福跟忠告，但我其實也無能為力。畢竟他死時已經得享天年，當我被天主召喚時，我希望自己也能有同他一般充分的準備。我上過他的墳，也與朋友們相處幾天後，便開始對於沒有收到威廉的隻字片語而感到不安。我等了三個星期，終於完全失去耐心，決定出發去看到底情況如何。我再度離家，口袋裡裝了滿滿的錢，因為我在家鄉時幾乎像個守財奴，只想留著所有錢結婚成家——如果我成功的話。

春天快速降臨時，我買了往新堡的商船的船票，並平安抵達了上次與瑪麗分別的那家驛站。抵達時已是夜晚，而疲憊的我很快就上床睡覺了。到了早上我趕緊起床，而當我見到威廉時，他顯得很沉悶。我跟他握手，問道：「有什麼開心事嗎？」他搖搖頭，說：「哪有什麼呢，約翰。我們走錯了航道，恐怕永遠到不了港了。我沒有什麼好消息可以傳達，因此寫信也沒有意義。昨晚我去了那農夫家，但他發誓說，如果我再接近他家，他就會把我當成遊民，在保安官來之前，就先把我抓起來。我美麗的無情戀人也不太在乎，我幾乎看不到她，她似乎在躲避我。」我聽到這消息，瞬間一股寒意貫穿全身，只好問他打算怎麼辦。「還能怎麼辦？今天就出航吧！去我母親那裡，把我所能給的積蓄都給她，然後再度出海。我在這裡的積蓄已經快用完了。但是你有什麼打算呢，約翰？」——「說實話，威廉，我真的不知道。我會去農場一趟，如果瑪麗不如我所期盼的那麼和善，我也會離開。」

早餐後不久，我就帶著不安的心前往農場。到了之後，瑪麗到院子來見我。她看到我時似乎有些激動，但在我步向前時，她鼓足了勇氣，疏遠地彎膝行禮，冷淡地問我近來好嗎。我現在知道已經沒有希望了，而在我還來不及恢復鎮定時，她的父親出來了，並且用粗暴的態度質問我是誰，想幹什麼。這立刻讓我神智清楚起來，先前一直低頭看著地面的我此刻抬起頭來，看著他。瑪麗在我的凝視下有些退縮，但那老男人走到我面前，再度質問我想幹什麼。「那已經不重要了，」我回答。然後看著瑪麗，「我相信我是不受歡迎的訪客——這是我始料未及的——因此我不會再打擾你們了。」於是我盡可能勉強自己顯得滿不在乎地走開，但仍不得不回頭看了不只一次。我看到瑪麗淚眼婆娑，而她父親則急切地在勸慰她。

我決心在驛站裡再待上整天整夜，希望能接到瑪麗約我見面的消息。我不願意想到自己對她如此冷漠，但被輕視的感覺又如此苦澀，我簡直想大罵自己跟全世界。我跟威廉在窗邊坐了一整天，但沒有任何信息捎來。到了早晨，我們懷著沉重的心情離開了這兩個美麗的無情女子——威廉要去看他母親，我則要前往倫敦。

在倫敦從事我的老本行幾星期後，我流浪的愛好比從前更強烈地重燃起來，於

是我決心抓住任何可以滿足我期盼的機會，不管是什麼機會，只要讓我得以四處遊歷就好。我曾多次在不同的碼頭尋找出海的船隻，但是這裡的水手眾多，因此很難找到船上的差事。

此時我意外地碰到龐得船長（Bond），他叫住我，問我想不想上船工作。他曾在對美國的戰爭期間擔任一艘運輸船的船長，而我在聖約翰時就很喜歡他。我回答說：「那正是我想找的。」——「那，如果你願意到我當船長的『格陵蘭海上巨獸號』（Leviathan Greenland）上擔任桶匠，就去找梅利許鄉紳，說是我推薦你去當桶匠。」我謝謝他的好意，便前去找了人並定了合約，第二天就上船工作了。

我們航行了一小段時間，就來到格陵蘭的沿海，並在勒維克（Lerwick）停靠，挑了幾個我們想要的壯丁上船。在捕魚季節開始時，我們因為經常遭遇暴風雨而收穫不佳。有一次，我還認為我們的死期已到了，我們遭遇可怕的強風吹襲，連續十天完全被困在浮冰當中。放眼所及全都是冰，而船身被浮冰擠壓到每個人都認為我們若不是被壓成碎片，就是會被迫頂到冰山頂端，在那裡永遠都下不來。最後風勢終於改變，天氣轉為溫和，之前只能看到浮冰之處，很快地就變成開闊的大海。我們對此一轉變的心情，是筆墨無法形容的，就如死裡逃生一般。我們的處境之恐怖，遠超過我所經歷的任何一場風暴。當你遭遇正面來襲的風暴時，儘管十分可怖，你仍會努力保持樂觀，希望能安然度過。但當你被困在浮冰當中時，任何努力都是徒勞，你必須抵抗的力量太過巨大、太過頑強。就像一個魔力強大的魔法師將你綁在他的冰封圈子裡，迫使你毫無招架之力，必須親眼目睹它所有最可怕的樣貌，以及你即將面臨的命運。那浮冰碎裂的聲音，以及比較小聲但更加令人驚恐的船隻擠壓的聲響更加深這海上夢魘的恐怖。

當天氣轉為溫和時，我們開始成功捕獲鯨魚，四頭鯨魚塞滿了我們的船。其實我並不喜歡捕鯨，因為四周的景色，在看了第一眼之後，就再也無法滿足好奇窺探的眼睛，也沒有多樣的變化得以讓人陶醉。周圍一片荒涼，除了雪，或赤裸的岩石跟浮冰以外，別無他物。那寒冷如此強烈，氣候如此陰沉，我實在開心不起來，因此我決心永遠告別格陵蘭的海岸，去氣候比較和煦的地方滿足我的好奇。

我們平安抵達河口，沿河而上便可到我們停泊之處，但是，命運的安排真是怪異啊！就在倫敦港裡，當我們匆匆趕往碼頭時，河水正快速退潮，結果這艘船停靠失敗，航向偏移地迴轉，撞上了狗兒島1，船尾撞裂了，並且立刻進水。我們沒有人受傷，也沒有任何損失，因為它有保險。但是我同一些人被留下來估算船貨的損失，因此仍有很長的一段時間經常待在船上。

譯注

1　狗兒島（Isle of Dogs）：倫敦泰晤士河北岸的一個半島。

往格拉納達的航程——黑人所受的待遇——歌與舞
主要為蘇格蘭人與愛爾蘭人的碼頭零工——關於威爾斯人的軼事

我的下一段航程，是搭上由楊船長指揮的「棉花農人號」（Cotton Planter），開往格拉納達島[1]。我很高興在楊船長手下工作，他曾在地中海的商船上多年，但在那裡失去了他的健康，因此每年都會航向西印度群島，以避開英格蘭的冬天。我們在十月開航，並安全抵達了格拉納達島的聖喬治。

我有很多時間在岸上工作，並有幾個黑人手下。他們是無憂無慮的快樂種族，他們遭受的殘酷處境與虐待，似乎都無法影響他們開朗樂天的性情。他們擁有短暫的歡樂時光，那歡樂是他們蒼白虛弱的白人壓迫者從來不懂的。或許這聽來很奇怪，但是只有在西印度群島上，古希臘傳說中阿爾卡笛亞[2]世外桃源的景象，才會一週一次依稀出現。當他們遭受的殘酷處境在星期六與安息日的夜晚稍微緩和，容許他們展現樂觀的天性時，在這充滿壓迫的島上，你卻聽不到哀嘆的聲音，整座島上只有班吉鼓跟響鈴3的聲音混雜著歌聲。我見過他們整晚跳舞歌唱，即使他們的背，因為被殘酷的主人鞭打而疼痛著。有一天，我因為白日的高溫而精疲力竭，晚上便躺在甲板上，享受夜晚的清涼微風。他們狂野的音樂與歌聲、跳舞與嬉鬧的叫喊，響徹了海灘，也在山谷裡回響。那裡的黑人充滿著健康快樂的高昂精神，而那裡的壓迫者則幾乎拖不動他們因為放縱生活，或因為當地令人倦怠的氣候，而軟弱無力的身軀。

這類聚會經常在真正開始前的許久就已經決定，並且計畫好了。窮困而飽受鄙視的奴隸，會將他們微薄的薪資湊在一起，購買點心和付錢給班吉鼓手。許多人會從好幾哩外來趕赴聚會，女性都為此穿上最好看的衣服，男性也用他們能拿到的任何一點襤褸衣服盡量裝扮，許多人都會塗脂抹粉。大家都盡力想模仿他們主人的舉止。

看他們彼此碰面的樣子非常有趣，因為他們有許多招呼的禮節，固定的用語，與親切的問候，當中尤其是母親受到最尊重的問候。他們有如舞蹈大師一般拘泥禮儀，彼此彬彬有禮，以彌補白人加諸在他們身上的種種鄙夷。

他們的主人給他們的食物非常差。每人一條從中剖開一半的醃漬鯡魚（他們因此稱之為單眼魚）、蠶豆和玉蜀黍，就是他們全部的食物了。他們必須在週六完成工作，通常是搬運一整船木柴到主人的土地之後，再自己把玉蜀黍磨成粉。

從週六到週一早上，他們必須自己找時間休息，並且栽種自己的菜園。那些住得離港口比較近的奴隸，則偏好去山上採集可可種子、香蕉，和其他水果，好拿去販售。所有奴隸都會把任何一點多出來的水果蔬菜拿去市場叫賣。

白人或者黑人要賣東西，都要在安息日那天。聖喬治的監獄典獄長基於他職務上的權利，也是拍賣官，因此沒有他的准許，任何人都不敢舉起拍賣槌宣布賣出。

楊船長不會對船員配給津貼的，因為我們隨時都可以獲取食糧。我去農場時，經常會帶著一條瘦牛肉跟幾片餅乾，當作給黑人的禮物。那些可憐人會互相分享，直到一絲不剩。由於我一直都對他們很好，於是他們便邀請我和其他幾個水手去參加他們的一次聚會。我很開心地去了，想仔細觀察他們的習俗。即使我心裡非常尊重他們，但當我看到他們的模樣時，還是差點忍俊不禁。聚會上有個黑人擔任典禮主持人，而班吉鼓的鼓手似乎比其他人的地位還要崇高。他們所有人在開始跳舞前都會對他鞠躬致敬，在結束時也是如此。這主持人有一頂老舊的正式三角禮帽，而沒有任何朝廷大臣會比他更熱中於使用。許多女性都套上了原本屬於她們女主人的絲質長袍，頭髮上也撒了粉，但是她們都顯得太過俗麗，任何紳士或淑女都不會比他們更在乎外表、更裝模作樣了。這些和善的人們為我們買了所謂「三錢幣曼比酒」4。他們在跳舞時伴奏的是班吉鼓跟歌聲：他們的歌經常是即興編出的，歌詞內容大都來自我們的船或我們本身，連我的小禮物也沒有被遺忘。他們的副歌都是共通的，歌詞也是最簡單的，例如：

我在一艘老獨木舟上掉了我的鞋，
強尼喔！來喝酒；
我在一艘領港船上掉了我的靴，
強尼喔！來喝酒。

還有一些則是嘲諷的，例如：

我的主人是個壞人，

我的女主人喊說親愛的，
這就是你用我的錢，
買的該——的黑人。
叮鈴鈴，叮鈴鈴。

女主人喊黑人，
別工作，來吃飯；
她用煎鍋煎了三個蛋，
還給了我肉湯。
叮鈴鈴，叮鈴鈴。

他們就在班吉鼓的伴奏下，唱著這些歌。我不記得聽到他們唱出任何一首悲傷的曲調，哀嘆他們殘酷的命運。這讓我不解，因為我認為他們肯定對自己的命運有許多的哀嘆。然而，歡樂似乎是他們在此唯一的目標。舞蹈興致高昂地持續下去。我也很樂意加入，但是在經歷整天的工作和高溫的天氣後，這實在超出我的力氣所能負荷。我們適時地離開，臉上沒有一絲醉意。我這一生從沒有像這晚這麼開心過，得到這麼多關注，或看到這麼令人心滿意足的娛樂。

他們會在工作時唱一首小曲，讓身體的律動跟隨著歌聲節奏。我每次聽到的都一樣：

工作吧，身體，
工作吧，呵啦。

他們就這樣排遣勞力工作的苦悶，但是喜怒無常的工頭經常鞭子一揮，打斷他們單純無辜的和諧歌聲，任何陌生人都不可能目睹這樣的殘酷而無動於衷。有一天，喬治·伊納斯（George Innes）跟我行經農場，要去通知農場主人一艘雙摩西船[5]已經在岸邊等著運糖。一個黑人工頭正在鞭打一個大腹便便的女人，她的哭喊聲撕裂空氣，其他奴隸的神情明白地顯露著他們不敢說出口的同情。喬治跑向工頭，狠狠地揍了他一頓，並發誓說，如果他再敢打她任何一鞭，他就會加倍還他。

這農場上有兩三個奴隸因為曾經逃走，而被迫在脖子上戴著鐵頸圈。這種鐵頸圈周圍伸出長長的鉤子，會在他們再度逃跑時鉤住樹叢。他們日夜都得戴著這鐵圈。另外，還有一個當桶匠的黑人奴隸有一隻木頭做的腿，他曾經逃跑不只一次，因此現在都被用鏈子和他工作時坐的台座拴在一起。

他們很喜歡聊天和說故事，舊約聖經裡的人物他們都很熟悉：他們會滿懷驚異地談論參孫、歌利亞、大衛等等。我曾見過他們高舉雙手，對這些白人英雄的力大無窮表示訝異，我經常被他們假扮的樣子逗得哈哈大笑。他們無法了解颶風（Hurricane）是什麼，但是島上有些叫作「肯恩」（Kane）的農場主人，因此他們會說：「颶風是一個強壯的白人，他打從倫敦來。」

農場上有一個黑人曾經在羅德尼上將打敗法國艦隊時，剛好在聖基茨島上。他親眼目睹了交鋒經過，因此從不厭倦講這件事，而他的聽眾也始終聽不膩。他總是用這句話作為結尾：「法國人很強，但英國人更強。他們就像鬥雞一樣，當場就死了。」

他們都愛偷竊，但是很容易受騙，因此也很容易被察覺。楊船長有一次要一個名叫咖啡的黑人屠夫殺一頭豬。船長過去看時，咖啡說：

「主人，這是一頭很棒的豬，但是我這輩子沒看過像牠這樣的豬。牠沒有肝，

也沒有肺。」楊船長說：「這可真是奇怪了，咖啡，我來查查看。」他從口袋抽出一本記事本，翻了幾頁，顯得非常認真。

「我看到咖啡要下到地獄最底層——豬都有肺跟肝。」咖啡像棵白楊樹似的猛搖頭，說：

「喔，主人，咖啡不要去地獄最底層——這隻豬有肺跟肝。」他把豬的肝臟肺臟拿了出來，顫抖地等候接受處罰。楊船長只是大笑起來，把豬肝跟豬肺送給了他。

我有一次跟楊船長去一個農場主人家，他要去那裡用晚餐，而我得在他晚上喝醉後把他安全送回到船上。在我們抵達時，我被交給一個黑人，他是僕役長也是家務總管。他曾待過英格蘭，並據他所言還去過倫敦，見過喬治國王。因此他享有比其他奴隸更高的地位，並浮誇地極力炫耀他所知的一丁點知識，像是自以為念過大學一般，並一天到晚藉著描述倫敦與喬治國王，讓他瞧不起的其他奴隸訝異於他的學問之深。任何教授都比不上他講述意見與觀察時那般浮誇與教條。有一個黑人問我威爾斯人是什麼樣的人，為了好好戲弄他一番，又因為當時船員中的一個威爾斯人威廉．瓊斯剛好在我旁邊，於是我叫他去問那個黑人大學者。他在思考了一兩分鐘後，煤黑色的臉上露出滿意的微笑，回答說：「英格蘭人有船，愛爾蘭人有船，蘇格蘭人也有船，但是威爾斯人沒有船——他們就跟黑人一樣，住在叢林裡。」那威爾斯人猛然站起來，差點要把他一拳打倒在地，還好是我及時抓住了他。威爾斯人對他丟出一連串的咒罵，但他無動於衷，而他的斷言在他的聽眾心中，也絲毫沒有因為這威爾斯人的暴力而動搖——這一點，跟其他同樣的真理，有如福音一般被接受與轉述。有很長一段時間，這句話成了船上的笑柄，「威爾斯人跟黑人一樣住在叢林裡。」

由於我們的廚師離職了，我們不得不雇用一個碼頭零工取代他的位子。所謂碼頭零工，就是一群遊手好閒、放縱揮霍的水手，不肯工作，也不肯出海。他們就在港口閒晃，用任何他們找得到的低賤東西來痲痹自己。因為天氣如此暖和，他們可以整晚都躺在戶外，而且只要有一點食物就滿足了。他們身上通常都布滿了襤褸的衣服與污垢，成為疾病與怠惰的受害者。他們的腳跟腳踝也經常可見到一堆膿瘡，腳被沙蚤啃噬，直到變成像禽鳥的腳一樣，一點肉都沒有。他們的腦袋凝結昏沉，死亡很快就會終結他們的事業。

那叫派迪的廚子上船後的隔天早上睡得很晚，以至於船長的水壺沒燒，爐子裡的火也沒生起來。他聽到雜務小弟跟他說，楊船長立刻就要熱開水時，也一副無關緊要的樣子。他回答說：「那就叫他派人下來，把我轟出去好了。」他果然立刻就被轟出去，而他卻毫不在乎。我必須承認，大部分待在岸邊的零工都是愛爾蘭人跟蘇格蘭人，真正的黑人也瞧不起他們。他們大可以靠著搬水謀生，只要搬一船所需的水就可以賺到一比特錢幣。許多黑人會給工頭一天一比特，以便請假來做這項工作，最後還能賺到足夠的錢幫自己贖身。一個工頭手下經常會有十幾個這樣的黑人，但他會把錢都收到自己的口袋裡，主人一毛錢都不會拿到。

我們搭載這島上的一個農場主人到英格蘭去。他本來是一艘戰船上的平民水手，但擅離職守，隱匿自己的身分待在陸地上，直到他的船開走。之後他娶了一個自由的黑人女性，這個女人之前開妓院，後來過世時，留給他三千多英鎊。他用這筆錢買了農場跟奴隸，而快速致富。他把足以供應十個男人都綽綽有餘的許多新鮮食物跟醃漬食物帶到船上，而且對大家都很好，分送大家酒和新鮮糧食。

注解

1 格拉納達島（Island of Granada）：中美洲西印度群島上的一個小島。

2 阿爾卡笛亞（Arcadia）：位於希臘中部的山區，在古希臘和羅馬神話中它代表了人間的天堂。

3 原注：班吉鼓（Benji）是用老舊的小木桶做成，一頭挖空，覆上鯊魚皮，然後用兩根木棍敲打。響鈴則是用一個葫蘆殼做成，裡頭放了幾顆小石頭，再裝上一個木頭把手，用來配合著班吉鼓的節奏搖擺伴奏。

4 原注：three bit Maubi，曼比酒是他們自己喝的一種類似薑汁啤酒的飲料，但他們知道水手喜歡比較烈的酒，於是買了蘭姆酒。一加侖蘭姆酒的價錢是一先令又六便士，而一個小錢幣（bit）等於六便士，所以他們稱蘭姆酒為三錢幣曼比酒。

5 原注：雙摩西船（Double Moses）是一種專門運送糖桶的大型船，總共有兩種：單摩西跟雙摩西。單摩西只能載一大桶，雙摩西則不止。

VI

發現之旅——軼事——福克蘭群島——合恩角——歐胡島阿圖伊——尼豪島——當地民情風俗

抵達倫敦時，我獲知我的老長官波洛克上尉[1]現在已經成為船長，並即將指揮「喬治國王號」（King George），伴隨狄克森船長（Dixon）指揮的「夏綠蒂皇后號」（Queen Charlotte），出發進行一趟環遊世界的發現與貿易之旅。這正是我夢寐以求的旅程，我立刻將自己打理乾淨，去找波洛克船長。他很高興見到我，因為我是極佳的雲杉啤酒釀酒師，正是他想要的人，只是他本來不知道要上哪兒去找我。我立刻被聘用為桶匠，離去時仍對自己的好運歡喜不已。我們有一份南海公司的特許狀，還有一份來自東印度公司，因為這艘船的任務除了發現探索之外，還包括毛皮交易——這一年是一七八五年。

我懷著欣喜的心情開始這趟旅程，但是我的工作範圍因為一場突如其來的意外而超出了當初的約定。我們的船務長在開航前到岸上去買一些必要的物品，結果這個愚蠢的小夥子喝得醉醺醺的，被錢出賣了，他把錢花光之後，便沒臉再上船。由於風勢正好，我又急於開始這趟旅途，因此自願填補他的位子，不想讓行程再多延誤一天。

我們第一次靠岸是在特納利夫島[2]上的聖塔克魯斯（Santa Crux）。我們在此停留了十天補充水果跟糧食，然後去到屬於葡萄牙人的聖雅各（St Jago），也在此補充用水跟新鮮食糧。在這裡的期間，我們捕到不少鱸魚，牠們外形狀似鮭魚，都趁著新鮮吃掉。這座島不宜耕種，但養了很多牛羊，我們用舊衣服交換羊，還有其他大家想要的任何東西。這裡的葡萄牙人甚為無賴流氓，我向其中一人買了兩頭肥羊，價錢談定之後，我正要牽著我買的羊離開，他卻突然吹一聲口哨，我的羊就蹦跳著逃到荒野去了，那傢伙看見我滿臉驚訝便哈哈大笑。我很想為他的詭計好好給他一頓教訓，並把我的衣服拿回來，但是我們受到嚴格的紀律要求，無論如何不得與人起爭執。到最後他做了個手勢，表示只要我願意多給他幾件衣服，就可以把羊拿回來。我別無選擇，要不是損失我已經付出的代價，就是得屈服於他的蠻橫。我做手勢表示願意，他就又吹了一聲口哨，那兩頭羊就回到他身邊。我先將牠們綁好，才支付第二次代價。儘管他們很無賴，但他們對金錢漫不經心的程度，卻勝過我所見過的任何人，我走過城裡時，經常看到裝滿了錢的小桶子沒蓋上蓋子，就放在屋子中間，屋門敞開著，屋裡也沒人看著。

在補給水之後，我們就加速駛往福克蘭群島。到了那裡，我們發現有兩艘美國船正忙著捕鯨，我們升起了我們畫著錨與希望的船旗。美國人以為我們是西班牙人，於是趕緊逃之夭夭。我們登陸時，發現有許多鵝已經拔好了鵝毛，還有一叢熊熊的營火，於是我們開始動手烤鵝，烤到足夠餵飽我們所有人，然後心滿意足地吃完。

第二天早上，美國人乘著船靠近，發現自己先前弄錯了。波洛克船長謝謝他們的招待，接著我們就忙著殺鵝。這鵝有兩種：水裡的跟在高地上的。水裡的那種相當漂亮，像山鶉鴣一樣有斑斕的色彩。企鵝為數眾多，多到我們走在海岸邊時不得不將牠們趕到一邊去。同樣數量眾多的鵜鶘則會用泥土築巢，每個巢彼此靠得很近，如蜂窩一般。我很驚訝每隻鳥都認得自己的巢，牠們似乎會一直在同一個巢裡下蛋，直到堆積的鳥糞逼得牠們不得不換個位置。牠們是如此溫馴，我曾經就站在近旁，看著牠們鼓脹的嘴巴囊袋裝滿魚回來，餵養牠們的雛鳥，一點都不顯得受驚嚇。我們也殺了好幾頭野豬，我們的軍醫在解決其中一隻時，弄壞了他的雙管獵槍，之後在中國把槍賣掉換成L.42獵槍。對我們而言，更有價值的是一些沉船殘骸中留下的許多鐵箍環跟蜂蠟。我們只拿了一些蠟，但帶走了每一寸的鐵環，這對我們而言比金子還有價值，可以拿來跟當地人以物易物。

在合恩角外海時，我們發現有一個小東西漂浮在距離船隻稍遠之處，沒有人能看出那是什麼。我們把所有船都拴住後，兩個人下到海裡，在游近後用吊帶牢牢綁住那個東西。等到它被拉上船時，我們才發現那是一個大木桶，只是上面覆滿了水草跟藤壺，因此桶口已經無法打開，我立刻開始設法將它切開。讓我們很驚喜的是，裡頭裝滿了上好的波特酒，所有船員都分到了一點，而船長波洛克給了我們白蘭地換取剩餘的。

我們接下來到了艾斯塔多島[3]，天氣晴朗，但非常寒冷。我們出發到南緯二十三度，在那附近巡航了一段時間，想找尋畫在我們航海圖上的島嶼。但我們一座島也沒找到，只看到為數甚多的海龜。牠們是受歡迎的補給品，不過我們盡力以各種方式烹煮牠們之後，很快就吃膩了。既然找不到那些島嶼，我們於是便轉而駛向三明治群島[4]。我們第一次停靠是在庫克船長[5]遇害的歐胡島[6]，「喬治國王號」跟「夏綠蒂皇后號」是那樁不幸事件發生之後第一艘登陸這裡的船。當地人成群地湧上船來，很高興看到我們，他們認得波洛克跟其他曾跟庫克船長來過的人。我們的甲板上很快就堆滿了豬、麵包樹的果實、芋頭跟馬鈴薯。沒多久，我們的甲板就像是屠宰場一樣，我們的屠夫也找來十四個幫手。我則疲憊不堪地忙著把鐵箍切成八吋或九吋的長度，讓木匠磨得鋒利。在當地人眼中，這是我們最有價值的商品。我駐守在船隻下方的貨艙裡，通往貨艙的梯子則被移走了，以免當地人下來到我們的寶庫。歐胡島的國王用渴望的眼神看著我，他認為我可以身在這樣堆積如山的寶藏中，必定是船上最快樂的人。波洛克船長叫喚我，要我把梯子架好，好讓國王下來，並給他一段很長的好的鐵環。這國王下來之後，高舉雙手，簡直像是驚異的化身。當我把那二十吋長的鐵環給他時，他從艙口下方往後退了一些，退到陰影裡，解開他的腰帶，把鐵環彎繞著他的身體，然後匆匆忙忙地把他的腰帶調到最寬，好把鐵環藏在衣服裡。我想他是以為這鐵環是我偷的。我看到這國王忙不迭地藏起他以為是贓物的東西，不由得笑出來。

我們亟需點燈的油。這附近有很多鯊魚，於是我們在魚鉤掛上一塊醃豬肉，而抓到了一條我在任何海域所見過的最大的鯊魚。這是一條母鯊，有十九呎長，我們必須所有人一起出力才能把牠拉上來，牠的重量甚至讓船身傾斜。牠被剖開時，我們從牠肚中取出了四十八隻小鯊魚，每隻都有十八吋長。我們看到牠上鉤之後，這些小鯊魚游進牠的嘴裡。這魚鉤連到一條鐵鏈，鏈子則綁到我們船上的主桅轉帆索，否則我們一定無法留下牠。鯊魚咬餌時已是傍晚時分，我們只能把牠的頭拉到海面上，讓湧起的海浪不時淹過牠。我們就這樣放著牠一整晚，到了早上牠才奄奄一息。這條鯊魚的肚子裡除了那些小鯊魚以外，還有四頭豬，和四隻已經完全長成的海龜。鯊魚的肝臟——我們唯一想要的部分——則裝滿了一個四十二加侖的大桶。

在船隻停泊期間，幾乎船上所有人都找了一個當地女人為妻。其中有些女人認為這是一種榮耀，有些則是為了一些好處，因為她們會得到很多鐵、珠子，或釘子等禮物。這些女人會在晚上上船，然後在早上上岸。在夜晚，她們會呼喊她們丈夫的名字，又經常帶朋友來看她們的丈夫，這些朋友也都非常高興，因為她們從來不會空手而回。我生平所見最肥胖的女人，被我們的砲手選為妻子，我們不得不用吊掛方式將她拉上船。她的大腿跟我的腰一樣粗，船上沒有一張吊網可以撐得住她的重量，這一對被開了許多玩笑。

在我相處過的民族中，他們的英文發音是最糟的。他們叫波洛克船長「波提波提」。他們對我的名字的最接近發音是「尼提」，但他們還是會盡最大的努力，而

在徒勞無功時也會顯得十分懊惱，對自己生氣不已。

我們船上有一個叫迪克森的傢伙，天性開朗，很愛笑鬧。他的歌也唱得很好。他有斜視，而當地人都愛模仿他。阿圖伊[7]的國王阿布諾伊（Abenoue）比他的任何臣民都更會把眼珠斜到一邊，阿布諾伊叫迪克森「不列倒」（Billicany），因為他經常唱「一統天下，不列顛」[8]。阿布諾伊學會了那旋律，並且盡可能學會歌詞的發音。看著國王跟迪克森一起唱歌是件很有趣的事。阿布諾伊喜歡他勝過船上的任何人，每次他們在岸上或船上見面時，他都要擁抱他，並且開始唱「一桶天下，不列倒，不列倒，一桶天下」等等。

殺害了庫克船長的酋長被關在我們船上超過三個星期。他健康狀況不佳，隨身帶著一個他會不時聞一下的嗅鹽瓶，但裡頭只有幾滴，我們於是幫他把瓶子裝滿。當地人擁有很多刺刀，是他們在殺害庫克時獲得的。

我們離開了歐胡，航向阿圖伊，在那裡補給用水，並接受了阿布諾伊國王的一場盛宴款待。我們把我們配給的白蘭地帶上岸，度過了最愉快的下午，因為當地人盡力娛樂我們：女孩子們舞蹈，男人們拋擲長矛假裝打鬥，婦女們和在戰場上一樣，站在後面把長矛遞給男人，以確保長矛如雨般紛紛落下。任何言語都不足以形容他們的靈活敏捷，他們以為我們有嚴重的風溼，因為我們的動作跟他們相比之下，顯得如此遲緩。女人們有時會要我們躺下來，在我們身上磨蹭，然後發出呻吟聲，喊著：「喔，我的藍人！我的藍人！」她們也會摔角，但是連我們船上最壯碩的男人也承受不起她們的一摔。

我們接下來航向同樣由阿圖伊國王阿布諾伊統治的尼豪島去拿芋頭。這座島上生長很多芋頭，但除此之外，幾乎沒有其他作物。這座島上沒有木頭，因此住民用芋頭跟人交換木頭，好建造獨木舟。在停泊於此地時，我們遭遇一陣恐怖的狂風，因而不得不切斷錨索，駛向外海，而留下十六個男人跟男孩在岸上。我們直到三個星期後才能回來。當我們回來時，發現他們都健康開心，這些善良的當地人收容他們兩兩一組地住在家裡，給予他們充足的食物，並讓他們自由地漫遊島上各處。唯一擔憂自己安危的是一個老船工，他一天到晚都處於驚恐中。無辜的當地人不論是聚會作樂，或只是幾個人湊在一起聊天，這個老罪人都會害怕地渾身顫抖，呼喊他船上的同伴。「你看，他們想謀殺我們！這是我們的最後一晚了。」其他人都對他厭煩不已，他鮮少離開海邊，總是爬到高處去眺望，尋找船隻的蹤影，而在幾乎望穿秋水後，他則會去找其他人抱怨哀嘆，訴說他如何擔憂船隻下落不明，或他們被拋下等，而惹人厭煩。最後我們終於回來，讓他們回到船上，並給予國王許多禮物，感謝他善良的臣民慷慨的待客之道。我們便就此依依不捨地告別了這些善良的島民。

隨著夏天的腳步快速來臨，我們航向庫克河（Cook's River）。我們在一七八六年抵達，距離我們離開英格蘭正好十一個月。在我們抵達時，許多俄羅斯人上船來，送給船長鮭魚作為禮物；船長也回送他們鹽，這是他們極需的物品。我們不希望這些俄羅斯人知道我們也在交易毛皮，因此當中會說俄文的一個船員告訴他們，我們是在進行發現之旅，然後彼此保持禮貌地道別。

在庫克河的河口有一座巨大的火山，當時正在活動中，而且在我們停泊期間不斷噴發，跟泰晤士河一樣寬闊的滾滾熔岩從山側流下。這景象在夜晚非常壯觀，但也很可怕。當地人的長矛有銅製的矛頭，但我們船上沒有人會講他們的語言，因此無法得知他們是從哪裡拿到銅。我們停泊在此期間正值盛夏，但是海面浮冰從未融解，而高地上也積著厚厚的白雪，跟我們之前才離開的舒適宜人的島嶼形成如此大的反差。

我們放下有船艙與縱帆裝置的大型小艇駛向河的上游，希望能找到一個出水口或內陸海。在歷盡艱辛堅忍不拔地前進，直到所有可能的希望都破滅之後，他們只能回頭。接著我們航向南方的威廉王子灣9，跟印第安人進行毛皮交易。他們的外貌與風俗完全不同於三明治群島的島民，他們並不殘酷，但非常會偷竊。

我受雇整天在岸上釀造雲杉啤酒，晚上才回船上睡覺。一天晚上，這些印第安人在倒掉啤酒之後，把所有酒桶都搬走了——這些酒桶都箍了鐵圈。我們全力搜尋後仍徒勞無功，完全找不到這些酒桶的下落。但若跟印第安人起爭執，又會使我們這趟旅程的目標功敗垂成。最後這些桶子是在最出乎意料的地方被意外發現，事情的經過是這樣的：我們的一艘負責短程航行，進行毛皮交易的小艇耽擱了許久，令我們開始擔心它的安危。波洛克船長於是派人去一座高山山頂，眺望尋找那艘船的蹤影。他們很驚訝地在此發現了酒桶的側板跟桶蓋，以及他們用來將此砸成碎片的大石頭。他們必定費盡力氣，千辛萬苦地才能將這些酒桶滾到山頂，並將桶子砸成碎片，但我相信他們必定覺得因此獲得的鐵箍環是很豐厚的回報。我們於是將釀造的地點移到島嶼的另一側就位，在船上可見的視線範圍內。有一段時間，我在工作時都會被當地人惹得很煩，他們會把玩鐵環，然後不時就會有一段鐵環消失無蹤，而我身邊又只有一個舵手跟一個小夥子。由於有成群結隊的當地人在四周遊走，並且越來越大膽，讓我覺得很不自在。船長從甲板上看到我難受的處境，於是叫我放我們船上的大型紐芬蘭犬納普頓去嚇唬他們，說牠會比五十個男人都更能恫嚇他們。我馬上聽命行事，放納普頓去追趕他們。納普頓似乎跟我一樣，喜歡看著他們像小女生似的尖叫著四散奔逃。於是我很快就能不受干擾地專心進行我的工作，而且每次他們一開始找麻煩，不用我下令，納普頓就會讓他們尖叫著逃開。只要納普頓在附近，想靠近的人就會張開雙手，喊道：「納普頓，我的『萊利』啊！」「萊利」是他們語言中的「朋友」之意。這裡的印第安人可以發出我們所說的每一個字音，幾乎跟我們一樣標準。在看到我們三明治群島上的朋友們努力學習而徒勞之後，這一點更顯得奇特。

某個安息日，整艘船上的人除了船長、兩個男孩子和廚師以外，都上岸去消遣放鬆。就在我們離開之後，為數眾多的當地人便駕船來到船邊，完全控制了我們的船，然後隨意拿取任何他們喜歡的東西。船長、那兩個男孩和廚師只能守在艙房裡，把所有毛瑟槍跟手槍都上了膛放在近旁，他們的處境十分危險。軍醫跟我是首先回到岸邊的，船長於是從艙房窗口呼喊我們，說他們身陷險境，要我們逼迫印第安人讓我們上船。我們身上帶著毛瑟槍，因此他們立刻聽從了我們的號令。我們提供了船長後援，讓他們恢復了信心。其他人也依樣照做，全都在回到岸邊後上了船。印第安人沒有破壞船隻，而當幾乎所有船員都上船後，他們也就一一離開，載走了他們的戰利品。波洛克船長下令我們不要在意這事件，而企圖傷害印第安人，反而要我們買回他們帶走的，對我們有用的東西，實際上他們只拿走了船上一些非固定的鐵片。他們藏好了偷走的東西後，就又若無其事地開始跟我們交易，而我們只買回了他們帶走的幾個螺釘。雖然印第安人認為鐵匠是比船長更偉大的人，他們也以同樣的方式掠奪了鐵匠的帳篷。鐵匠是個聰明的年輕小夥子，總讓印第安人既敬畏又驚奇。印第安人以為煤塊會被製造成火藥，我曾見過他們偷走小塊煤塊，將它們磨碎，然後又回來。鐵匠看到他們回來，便會刻意磨著熱鐵，往鐵砧上吐一口唾沫，然後用力一吹；他們聽到霹靂啪啦的響聲，就會震驚訝異地跑開。

注解

1 波洛克（Nathaniel Portlock, c1748-1817）：英國十八世紀船長、毛皮貿易商。一七八五年至一七八八年間，指揮「喬治國王號」前往阿拉斯加、夏威夷與澳門等地進行毛皮貿易，並將經歷寫成 *A Voyage Around the World but More Particularly to the North -West Coast of America*（1789）。

2 特納利夫島（Teneriffe）：位於非洲海岸大西洋中西班牙島嶼，在加那利群島中為最大的一座。

3 艾斯塔多島（Staten Island）：亦譯成史泰登島，位於阿根廷。

4 三明治群島（Sandwich Islands）：即夏威夷群島，一七七八年由庫克船長以第四代三明治伯爵約翰・孟塔古來命名。

5 庫克船長：James Cook，英國皇家海軍軍官、航海家和冒險家。一七七九年，庫克在第三次探索太平洋期間，與夏威夷島上的島民發生打鬥而被刺死。

6 歐胡島：Owhyee 為 Hawaii（夏威夷）舊時的拼法。

7 阿圖伊（Atooi）：夏威夷群島的其中一個島嶼。

8 Rule Britannia!：英國著名的愛國歌曲，原文歌名為「*Rule Britannia! Britannia rule the waves*」。

9 威廉王子灣（Prince William's Sound）：位於阿拉斯加灣內的一個海灣。

VII

貿易航程——當地人的風俗——三明治群島——語言

努特卡灣——開往中國的船

我們經常會有一兩艘小艇同時離開一段時間，去進行交易。在其中一次這樣的航行裡，如果不是因為我們當中一個美國船員喬瑟夫．勞倫斯（Joseph Laurence）的機智，我們的小艇肯定就會被奪走了。那是整趟航程中，我最擔憂自己性命安危的一次。我們當時正划船經過一個礁湖，想直接回到船邊，但潮水退得很快，小艇擱淺在岸邊，而我們還來不及設法讓它脫離，整個海灣就都已經沒有水了。人數眾多的當地人將小艇包圍起來，看起來不懷好意，我們不知道該如何是好。在這樣的困境裡，知道他們習性的勞倫斯拿了一小桶糖蜜，走到海灘上，然後在木桶旁坐下來，開始唱歌，用手撈起糖蜜來舔，並邀請他們照做。他們舔著糖蜜，聽著他唱了好一會兒歌，甚至還加入他一起唱。當糖蜜被吃光的時候，他們也厭倦了勞倫斯的歌聲。我們慌張地四處張望，發現有一處可以俯瞰小艇的高地，於是奮力跑向那邊，即使他們正在掠奪小艇上的一切，我們也不敢開槍，因為就算我們開槍殺死了他們當中的一百人，耗盡了所有子彈，之後他們還是可以用長矛跟石頭把我們殺了。我們像熊一般背靠木樁站著，預料他們隨時都會發動攻擊，也決心不白白犧牲自己的性命。最後我們渴望的漲潮終於來到，我們跑到船邊，它迅速浮了起來。此後，我們就絲毫不在乎他們了。我們開始交易，把他們偷走的每樣東西都買回來，甚至得花錢買回我們的指南針。我們划向「喬治國王號」，決心以後要更加謹慎，也很高興我們能如此成功地脫逃。

在那個安息日奪取了小艇的那群人，在下次回來時把臉都塗黑了，頭上還撒了許多鳥的羽絨。他們以此偽裝，顯示他們還有分辨對錯的良知。我們沒有多留意他們，他們因此誤以為我們認不出他們，於是跟其他人同樣開心嬉鬧。

小艇離開去進行交易時，獨木舟則被用來捕捉鮭魚。獨木舟上有十四個男人跟男孩，但划到大船與海岸之間的一半時，獨木舟進水了，會游泳的人游到了岸上，而男孩們跟不會游泳的人則緊抓著獨木舟。波洛克船長從甲板上看到他們深陷險境，便要求非常善於游泳的水手長去營救他們，但他拒絕了，縫帆工和我於是躍入水中。我在腰上綁了一條繩子，游在縫帆工的前面，而他從後面一段距離拉著，減輕繩子的重量。當我來到獨木舟時，他們幾乎已經耗盡力氣。我用繩子綁住獨木舟，然後對大船示意，船上的人就把獨木舟往大船拉。約翰・巴特勒（John Butler）和我在一旁協助鼓勵他們，這些男孩子當中包括約翰・迪克爵士（John Dick）與高爾（Gore）船長的兒子。在此之前，水手長曾是最受波洛克船長器重的水手，但在此之後，船長再也無法忍受他了。

在我們停泊於威廉王子灣期間，小艇曾去到海灣最頂端的隱祕小灣1，結果發現梅爾船長（Mairs）指揮的「努特卡號」（Nootka）因為壞血病而陷入悲慘的處境，整艘船只剩船長與其他兩人沒有生這種病，二十二個來自印度的水手已經在冬天期間病死。他們是在聖誕節前夕毫無節制地酗酒，才會咎由自取。他們無力埋葬自己死去的同伴，只把他們拖到離船有段距離之外，就這樣放在冰上。他們把毛瑟槍綁在絞盤上，把繩梯放到艙房裡，以便在有當地人試圖登船時，可以開槍嚇跑他們。他們有一頭大型紐芬蘭犬叫作托瑟，牠獨力阻擋了印第安人接近這艘船。牠不分日夜都躺在艙房舷窗前的冰上，不讓印第安人上船。當地人前來以物易物時，他們會喊道：「托瑟，我的『萊利』啊，」然後送牠一條獸皮當禮物，才開始跟梅爾船長交易。梅爾船長會把貨物從窗戶用繩索放下去，並以同樣的方式接受他們的毛皮。「努特卡號」的同伴「海狸號」（Beaver）在剛入冬時就失去了蹤影，船上的人從此音訊全無。我們盡力給了「努特卡號」一切協助，幫他們釀雲杉汁液跟糖蜜，還分了兩個船員迪克森與喬治．威利斯（George Willis）去幫忙修理船隻。他們在廣東停泊，直到我們抵達，然後我們祝它一切安好，跟它道別。波洛克船長本來可以將它收為戰利品，因為它並沒有特許狀，而是在我們的額度內交易，但它很樂意受限，不在我們的海岸交易。不過，當我們一開航，這限制就被廢除了，而且它比我們早一步抵達中國。

我們此時航向努特卡灣，但是遭遇一陣恐怖的狂風而被吹離了海岸，船帆跟索具也損失慘重，我們不得不駛往三明治群島去重整，這讓我們很開心。畢竟跟三明治群島比起來，美洲的海岸充滿了敵意。美洲的印第安人非常善妒，如果我們的男人被發現跟他們的女人在一起，有任何一點踰矩的行為，他們就會取他的性命，彷彿這是他們應有的權利。但是他們的女人一點都勾不起我們的慾望，因為她們會把嘴唇割開，放進狀似盤子的木盤，而毀了她們的面容。我見過她們把莓果放在上頭，搖晃著弄進她們的嘴裡，像一匹咬著馬銜鐵的馬用力張嘴一般，或用她們的舌頭把

莓果捲進嘴裡。男人則會用一根磨光的八吋長的骨頭穿過他們鼻子的軟骨，我們稱之為他們的斜杠帆桁。我們在這片海岸吃足了苦頭，因此很開心能與它道別。

我們很快來到歐胡島，舊識們都湧到船上來歡迎我們，每個人都帶了禮物。接著是許多的碰鼻子跟握手——「霍尼，霍尼」，意思就是碰鼻子，而周圍唯一聽到的話都是「你好嗎？」，甲板上是持續不斷的歡樂景象。我現在很快學會了當地的語言，而可以用當地話買賣東西，還知道很多對我有用的字。他們有很多字跟拉丁文很類似：

三明治群島的語言	意思
Terra	土地
Nuna	月亮
Sola	太陽
Oma	男人
Leo	狗

他們的「諾烏」（Noue）意思就是大，「馬庫」（Maccou）則是指魚鉤。他們初次看到我們的錨時，就高舉雙手，大喊：「諾烏馬庫。」這次我們第二次來此過冬，幾乎相同的場景又再度上演。

重新整備，並補充了糧食之後，我們再度航向庫克河、威廉王子灣，跟努特卡灣，去交易更多毛皮，交易成果很豐碩。我跟舵手在威廉王子灣岸上釀造雲杉啤酒時，有一次遠足到河的上游，發現了一大塊空地上長滿了蛇根草，這在中國很有值錢，是曾經去過中國的同伴告知我這種植物的價值。那是我生平所見、在生長時氣味最甜美的一種植物，我們於是開始動手採摘，盡可能選好的挖出來，讓它乾燥，並且不讓任何人知道，以免減損我們的利潤。我們在出航的前一天把它們安全拿上船，並在黃埔賣了很好的價錢。

我們在此跟「夏綠蒂皇后號」分道揚鑣。之前它失蹤了很久。有一次一群印第安人上到「喬治國王號」，而他們身上有一對金屬釦環原本屬於我們這艘同伴船上的某個人，於是我們立刻開始擔憂它的安危，認為它可能被劫持了。我們留下大量只曬了半乾的鮭魚，揚帆航向努特卡灣。我們在約定會合點努特卡灣等候一段時間，沒等到它出現，便又航向歐胡島，但仍然沒有它的消息。直到我們來到阿圖伊，看到阿布諾伊搭著他的獨木舟，在水上急馳而來，一路喊道：「給波提波提的急信。」一邊跳上甲板，送上一封來自狄克森船長的信。這信化解了我們的擔憂，也讓我們知道他發現了一座島嶼，還得到大量毛皮，並且已經航向中國。我們盡快補充用水及裝載食糧，好跟上它。

阿布諾伊在上船後不久，就告訴船長他見到「不列倒」了，還學迪克森那樣斜眼，我們就知道梅爾船長也去過努特卡灣了。迪克森後來告訴我們，如果不是有他跟威利斯在身邊，梅爾船長根本無法從阿布諾伊那裡拿到任何東西。阿布諾伊有一個兒子叫作「波因諾烏」（Poinoue），英文的意思就是「大布丁」。我覺得這個名字取得名如其人，他的頭是我見過的所有男孩中最大的。他父親希望波洛克船長帶他去英格蘭，但是波因諾烏不想去。我們一開航，他就跳入海裡，游回他父親身邊。

我懷著遺憾感傷與三明治群島做最後的道別。直到現在，我仍舊喜愛這裡勝過我去過的任何國家，這裡的人民如此善良熱心，氣候如此溫和宜人，物產如此豐饒，一切都讓這裡成為讓人深愛的地方，不過歐胡島是我唯一沒有上岸的島嶼。波洛克船長自己從未上去，也不容許他的船員上去，畢竟庫克船長遭到謀殺的事讓他戒慎恐懼，不敢太信任這裡的島民。但我們在阿圖伊和尼豪島時都上了岸，每天由一個人輪流守著船。

在盡可能塞滿了食糧之後，我們航向中國。在也被稱為盜賊群島（The Ladrones）的馬里亞納群島2，有好幾個領航員上船來。船長喜歡其中一個，他們便用以下的方式討價還價：他用小銅錢的數目表示他希望拿到多少錢，而船長把他認為超過的數量拿開，那個領航員又把他認為要增加的數量挪進來。他將帶領「喬治國王號」到澳門島。之後我們將從那裡經過虎門峽，進到黃埔，在那兒賣掉所有毛皮。而回程時，我們必須按照約定為東印度公司帶回一批茶葉。

注解

1 隱祕小灣（Snug Corner Cove）：位於阿拉斯加。
2 馬里亞納群島（Mariana Islands）：位於北太平洋上菲律賓的東邊，由南北縱列的十五座火山島與珊瑚島所組成。

VIII

中國——中國人的風俗——食物——宗教——懲罰規避徵兵——聖赫勒拿島——作者抵達英格蘭

我比全世界看到任何東西的任何人都還要興奮。我簡直不敢相信我如此幸運，真的來到了中國。在我們沿著河道往內陸前進時，我不斷地左顧右盼，眼前的一切不但沒有比我過去的一切想像黯淡，還更加精采。延伸到視野盡頭的數量驚人的建築物，它們奇特的形狀與俗豔的顏色，跟他們畫中一模一樣的樹木與花卉，以及漂蕩在水上的各式各樣船隻；更勝過一切的是，那新奇的服飾，還有那服飾豔麗的色彩，都讓一個初來乍到的異鄉人目眩神迷，張口結舌。但是，在更進一步了解之後，你會不得不注意到有如此多人境遇悲慘，而為此感到震驚，也讓這奇特民族原本在你心中的高貴形象逐漸瓦解。

我們一拋錨，船隻就被舢舨團團包圍，每個人都各有請求：韃靼女孩子要求幫我們洗衣服，理髮師要幫船員剃頭，還有人要賣鳥禽。事實上，幾乎我們想要的必需品都有人賣。首先跟我們達成交易的是一個理髮師，林湯米。他答應在我們停泊這裡的六個月內，以每個人五分錢的報酬，幫船員剃頭，而且如果我們希望的話，他可以每天早上搭著他的舢舨上船來剃頭。韃靼女孩們幫我們洗衣服，換取零碎的肉，或我們吃剩的米飯。她們每天划著舢舨來，拿走男人們的衣服，第二天再送回來，從來不會把每個人的衣服搞混。她們都多少會說一些英文，而且跟船員拌嘴時，說話速度跟英格蘭同樣階級的女人一樣快。她們的舢舨尾端都釘著一個像籠子的箱子，裡頭養了一頭豬，在那裡無憂無慮地進食增肥。我們的耳邊終日回響著舢舨上的乞丐的哀求聲，「拜託施捨一點飯。」我還見過這些乞丐勾起了水手們的惻隱之心，而要飯成功時，官吏們還搶走這些同情的施捨。我很驚訝他們的錢幣如此細分：一文錢是最小單位的錢幣，中間有個方形的孔，三文等於一分；六文是一錢；一錢等於英國的七便士。最小的一文錢出了中國以外就毫無用處了；因此若水手要兌換一英鎊，從狡猾的中國人手上換回來的，一定全都是這種銅錢。

我們停泊在黃埔時，我很多時間都在岸上為回程製作蠟燭。我手底下有好幾個中國工人，而我最大的麻煩是要防止他們偷蠟。他們是比印第安人更靈巧、更厲害

的小偷，而且我真心相信，懲罰偷竊的竹棍鞭打並不會讓他們感到羞恥。他們不允許任何外人進入廣東城內，我已經在城郊待了八天，好幾次我來到城門前，但用盡方法仍無法越過關卡。韃靼人也不被准許在岸上過夜，只能睡在河上的平底帆船或其他船隻上。即使到岸上工作，他們也必須在日落前離開，然後於第二天日出時再上岸。

我真心相信，中國人會吃任何活的東西。納普頓經常跟我一起待在岸上的帳篷裡，每天晚上，牠多少都會抓到幾隻老鼠。但牠從來不吃老鼠，只在牠們死掉後，把牠們放在帳篷門口。到了早上，中國人就會拿蔬菜來交換老鼠，而且跟我一樣滿意這樣的交易。

在蠟燭做完之後，我移到河岸旁的倉庫去修理木桶，篩掉沙子，讓木桶乾燥，並打包回程要載運的一箱箱茶葉。有一天，一個男孩子隨意玩弄我的東西時，被納普頓咬了。我對此很抱歉，並在打了納普頓之後，幫這男孩子包紮，幸好他的傷勢並不嚴重。我給了這男孩幾文錢，他就很開心地離開了。但不久後，我又看到他父親帶著他回來，我本來預料要起一場爭執，但這父親只是要納普頓前腿上靠近身體的幾根毛，其他部分的毛都不行。之後他把這些毛滿滿貼在男孩的傷口上，就心滿意足地離開了。我過去就常聽說，如果一個人在前一晚步履蹣跚，別人就會叫他去拔一些咬他的狗的狗毛，但是我從沒見過有人真的這樣做。

在開航前不久，所有船員都拿到預支的兩個月薪資，可以私自進行貿易，買自己想要的東西。所有鈔票都由船長蓋了印章，因為中國人很會騙人，會神不知鬼不覺地換給你一張假鈔，而如果不做記號的話，他們就會堅持那就是你給的那張。

雖然有這種種無賴行徑，但他們並非不知感激。有一天，兩個中國男孩子在我們的小艇上玩耍，結果其中一人掉入水裡。水流如此強勁，把他迅速帶往下游。我跳進河裡，費盡千辛萬苦才把他救起來，因為湍急的水流帶著我們兩個，害我氣力幾乎耗盡。我使勁最後一搏，游到了比較平緩的水流，而不久就能欣喜地將這孩子送到他站在岸邊，心急如焚的父親手上。我想回船上去，但這中國人堅持要我到他家去接受他的熱烈款待，吃一頓隆重的盛宴。我喜歡他們吃飯時的擺設方式，所有要吃的菜都一次全擺在桌上，所有酒也同時擺上來。所有菜都在你眼前，由你隨意挑選。我在不同人家裡吃過飯，所有人都是這樣。這個中國人似乎覺得他做得再多，都無法表達對我的謝意。

我們在此埋葬了我們的大副麥克洛德先生（Macleod），我也參加了他在法國人島[1]上的喪禮。

幾乎每艘平底帆船上都有一個官吏，他負責維持秩序、收稅，並欺壓可憐的中國人；人民不論從事何種營生，都得先付錢獲得准許。林湯米就付了七十元，才被准許在河上當理髮師和醫生。他們用草藥治療各種疾病。如果有任何水手或軍官如此欠缺考慮地去造訪風月場所，而得到愚蠢的後果，則我們的軍醫也無法醫治，但這個中國理髮師傅卻能輕鬆地把他們治好。每到新月時，中國的所有男人都得剃光前額，否則官吏會好好教訓他們。這些官吏有我所見過最長的指甲，其中許多人的指甲都跟手指一樣長，而且他們小心翼翼地照顧指甲，確保它們如此白亮清潔：我真的相信，他們寧可讓自己的喉嚨被割斷，也捨不得指甲被剪斷。藉著這些長指甲，一個中國人一隻手能拿住的鈔票，就超過一個英國人兩隻手能拿的。握手永遠不會在中國成為習俗。

如果天氣少見的變得陰沉多雨，中國人就會說：「菩薩生氣了；」然後燒紙錢的儀式就會開始：整條河上都冒起濃煙，每一艘平底帆船、每一艘舢舨，都得在官吏的指示下，焚燒一定量的紙錢來取悅「菩薩」——他們的神。有錢人得燒燙金的紙錢，窮人則燒粗糙的紙錢。官吏是唯一可以評斷紙錢數量與品質的人，而且毫無商量的餘地。他自己不會燒任何紙錢，只負責拿著一根焚燒的小木棍。他會站在最顯眼的地方，像一尊雕像般動也不動，直到所有紙錢燒完。

在我所相處過的人當中，他們是最受壓迫的民族。他們如果沒錢支付官吏要求的稅，就連老婆都不能娶。他們的司法正義很簡單。每次有人偷竊，官吏就會命偷兒躺在地上，以他認為適當的次數，用竹棍打他的肚子。如果犯行很嚴重，犯人則會被送到他們的竊賊流放地萬山群島[2]去。他們只能靠著領航跟捕魚在那裡維生，而且頂多只能回到澳門。他們很懦弱又殘酷。六個半醉的水手就能搶遍整個村莊，但是如果其中有一人喝得大醉而且落單，就會被村民用最殘酷的方式，以竹棍把他打個半死。

理髮師林湯米是我們雇用的買辦。他會從城裡帶來我們需要的東西，而且他跟他在歐洲的同行一樣，也是活生生的快報。他每天早上的第一句話都是：「嘿，喔，怎麼回事？」而我們也用同樣的話回應。有一天早上，他來時說的第一句話是：「嘿，喔，怎麼回事？士兵的戰船來到江口沙洲了。」幾個小時後，我們在也聽說

了一艘快速戰船抵達了江口，但不被准許再往內陸航行。湯米看到了那些水手的紅色外套。他們對於戰船出現感到很緊張，他們經常說：「英國人太殘忍——太愛打架。」我們停泊在河上的期間，有幾個英國航海員因為叛變而被鞭打。中國人於是為這些男人哭得像孩子一樣，說：「嘿，喔，英國人太殘忍——太愛鞭打——太愛鞭打。」

貨物裝載完成後，我們順河而下。在我們接近海關，要檢查關稅印時，由於有許多人私自貿易而帶上船的東西沒有繳稅，會被中國人沒收，於是我們只好採用古老的策略。他們放下小艇時，我們當中有兩個人便開始打架，讓整個甲板陷入一片騷動。這些怯懦的中國海關官員便不敢要求上船，只喊道：「嘿，喔，怎麼回事？太亂了，太亂了。」然後就回到海關去了。藉著這個計謀，我們沒有為在中國賣掉的毛皮付出一毛錢的稅，因為那些官員不敢上船來。我們以最快速度下貨，等到全部東西都進了買辦的交易站後就安全了。

我們揚帆航向大西洋中的聖赫勒拿島，送給當地的地方官許多空瓶作為禮物；他則以馬鈴薯回禮，這對我們是很有價值的禮物。在那裡的期間，我和其他幾個船員吃金槍魚與豚鼠吃到差點中毒。我們把牠們剖開來，晾在索具上曬乾，但是月光使牠們產生毒物。我的臉又紅又腫，但其他人比我更慘，頭腫成平常的兩倍大，幸好我們後來都痊癒了。幾天內我們就啟程前往英格蘭，並且沒經歷什麼大事地順利抵達。此時我已離開了三年，環遊了世界一周。我們在一七八八年九月進入了泰晤士河。

注解

1 法國人島（French Island）：於今天廣州番禺。

2 萬山群島（Ladrone Islands）：即今日珠江口外的列島。

IX

作者成為犯人運送船之船務長——女性犯人的軼事
航向新南威爾斯——戀上莎拉・懷特藍——奇特的懲罰——越過赤道
各種事件——傑克森港——聖赫勒拿島

此時我回到蘇格蘭，心中滿溢著只有離開了一段時日的人才會有的欣喜之感，似乎每段記憶都更加珍貴、每一幕場景都益發美麗。一塊燕麥餅在我嘴裡嘗起來，都比東方國度的奢侈享受更為甜蜜。我一度就要安於停留下來，覺得自己對家鄉的愛戀勝過了流浪的習性。我想著就此安頓下來，因為我已存下了相當多的薪水。就在這些思索當中，在還未下定決心之前，一封來自波洛克船長的信擾亂了我所有未來的計畫，也讓我流浪的熱情比之前更強烈地重燃。

這封信要求我立刻前往倫敦，不得耽誤，因為有兩艘船正停泊在河中，即將前往新南威爾斯，也就是「守護者號」（Guardian）跟茱莉安夫人號（Lady Julian），而我可以在其中一艘上佔一個缺。「守護者號」上載滿了要送到殖民地的雜貨與必需品，船上還需要一個葡萄農，跟一個在航行中監督大麻栽種的人。守護者號先出航，而「茱莉安夫人號」則即將用來遣送女性犯人。

我本來會選擇「守護者號」的，但我打算在回航時定居於蘇格蘭，而它是一艘軍艦，讓我不可能依自己的選擇隨時離開。我唯一的目標是想看看那片土地，並非要久留於海上。因此，我選擇了「茱莉安夫人號」這艘運輸船，而即便我無論如何絕不喜愛它運送的貨物，但為了看看那片土地，我只好委曲求全。

我被艾特肯船長（Aitken）指派為茱莉安夫人號的船務長。他是個非常慈悲的人，盡全力讓犯人在她們的處境之下盡量舒適。之前政府指派監督的一個老中尉就因為對犯人太過殘酷，而在我到職之前不久被解職。他甚至還在河裡鞭打犯人，政府單位一得知此事，便派了別人來取代他。

我們在河裡待了六個月才出航，這段期間，英格蘭所有監獄都清空了人犯，好讓「茱莉安夫人號」能夠滿載貨物。在我們開航時，船上一共有二百四十五個女囚。其中並沒有許多極端惡劣的人物，一般都只是犯了小罪，而且絕大部分是因為傷風敗俗，也就是為娼，而當時的殖民地極欠缺女人。

在船停泊於河中期間，一個蘇格蘭女孩就因心碎而過世，被埋葬在達特福德1，還有四人因為被國王陛下赦免而開釋。至今我都無法忘懷那可憐的蘇格蘭女孩，她即使穿著囚服，依然年輕貌美，只是臉色蒼白如死人，眼睛也因為哭泣而紅腫。她從不曾與其他女人說話，或上到甲板來。她經常被瞧見從早到晚枯坐在一個角落，連用餐時間也無法讓她振奮起來。我的心為她淌血——她是我遭逢不幸的同鄉。我給她安慰，但她的希望與心已沉入海底。我與她說話時，她也魂不守舍，或者頂多用嘆息與眼淚回應。如果我說到蘇格蘭，她就會絞著雙手啜泣起來，直到我覺得她的心彷彿就要爆裂開來。我努力要讓她的雙唇吐露她悲傷的故事，但她就有如墓地般寂靜。我借給她我的聖經，希冀能慰藉她，但她並不讀經，她親了一下聖經便將它放在膝上，只是用淚水沾溼了它。最後，她終於陷入了墳墓裡，並非因為疾病，而是因為心碎。她死後，我們船上就只有兩個蘇格蘭女人了，其一是昔得蘭群島人。

每天我都進城去幫她們買新鮮的食糧與其他必需品，當她們的朋友被允許到船上來探望時，都會帶錢來，而且當中許多女囚自己也有錢，尤其是一位巴斯里太太，因為她是出名的江湖郎中與順手牽羊的小偷。她自己對我說過，她的家族在百年前就當過騙子和劫匪。她的哥哥也是個攔路的劫匪，經常來探望她，但他看上去，就像任何一個紳士一般，衣著體面，彬彬有禮。她請求政府官員與船長，讓她在河上時穿著自己的衣服，而非囚服。這項要求無論如何都不能被准許，但他們告訴她，一旦出了海，她就能隨自己的意思穿著。這政府派來的艾德格2中尉曾經跟過庫克船長，是個慈悲為懷的人，對她們極好。他其實有權在發給她們囚服時，就命令她們把自己所有的衣服都丟下船去，但他卻把衣服都給了我，叫我存放在後貨艙裡，說：「這些可憐人到了傑克森港3時，就會用得上這些衣服。」

那些來自鄉下的人在登船時都戴著手銬，而很多時候，鄉下的獄卒會以一人半克朗的代價，請我在鐵砧上將手銬斬斷，因為這些手銬並非用鎖鎖上，而是用鉚釘釘上。船上有位戴維斯太太是個出名的騙子，以假名騙取了大量的物品，和其他同樣價值低下的物品。我們還有一位瑪麗．威廉斯是因為收受贓物而被遣送。她跟其他八人都在新門監獄4待了很久，在那兒，都是喬治．戈登勳爵5幫她們支付開銷。我們停泊在河裡的期間，我每週一次去他那兒，由他親手給我她們的零用錢。有一天我肩負一項痛苦的任務，必須通知其中一個囚犯莎拉．多賽特（Sarah Dorset）的父母，他們的女兒被送到了船上。他們看起來是端正規矩的人，來倫敦就是為了詢問她的下落。我在新門監獄見到他們時，是獄卒將他們轉介給我。這母親眼中含著淚水，懇求我告訴她，她女兒是否在船上。我告訴他們確實有一個這名字的人時，這父親似乎情緒激動到說不出話來，但淚眼婆娑的母親則感謝上帝，他們終於找到了這可憐的迷途的孩子，儘管她已墮落。我叫來馬車，駛到河邊，讓他們上船。這父親跨著顫抖的腳步沿著船側爬上去，但我們不得不將母親抬上船。我帶領他們來到我的艙房，然後去找莎拉．多賽特。當我將她帶來時，這父親用哽咽的聲音說：「我迷途的孩子啊！」便轉過身去，雙手掩面；這母親則抽噎啜泣，雙臂環抱住她。可憐的莎拉昏了過去，倒在他們腳邊。我不知道該如何是好，但她終於甦醒過來，然後用最令人悲痛的聲音哀求他們的原諒。她年輕漂亮，此時離開她父親的家還不到兩年，走上荒唐罪惡的道路還不太長。由於毀了她人生的惡棍，已經超過六星期沒有照顧她，她才迫於生活所需而流落街頭，成了傷風敗俗的女人，之後她就被送到船上等待遣送。這就是她短暫卻多事的人生故事。船員當中的一人，威廉．包爾（William Power），也去了殖民地，而在莎拉．多賽特的流放期滿後，便帶她回家，迎娶了她。

我目睹了許多動人的場景，也見證許多最無情的冷漠。她們當中許多人並不視自由為恩惠，惡行已經讓她們變得如此低下，以至於她們甚至感恩眼前的處境。其中許多人來自鄉下監獄，都曾被准許離開獄中去協助收割，但又自願回到獄中。我詢問為什麼時，她們回答：「比起我們開始這墮落習性之後的生活，眼前的處境要好得多了。我們有好的食糧，跟溫熱的床鋪。我們不再如同先前一般受到苛待，或只能任憑每個醉醺醺的惡漢擺布。那時我們早上起床後，都不知夜晚會棲身何處，也不知這一整天能否吃到一頓飯。流放對我們而言是福氣。我們不是早已被放逐了嗎？而且是在自己的家鄉。這不是最悲慘的處境嗎？我們不敢投靠被我們玷污的親人。其他人也會給我們吃閉門羹。我們如同染了疫病，眾人厭惡且避之唯恐不及。」不過其他人則想盡辦法逃跑。這些人在岸上都還有為非作歹的同夥，而且除了與這些同夥一起放縱逸樂以外，她們對一切情感都已麻木不仁。其中四人在我們離開英格蘭的前一晚，藉著岸上同謀的協助，脫逃成功。當其他人唱歌笑鬧時，她們給了在後甲板上看守的人琴酒暢飲，然後溜到船首供她們逃跑的一艘船上。我始終沒有聽說她們是否被抓回，因為我們沒等她們回來就出航了。

娜麗·柯文太太是一個犯罪習性驚人大膽的女人，這回是因為假造水手的委任書並假扮他們的親人，而被流放終身。她在我們航行於河道的期間寫信到倫敦，要她的一些朋友寄現金來。她收到一封信，說錢已經在達特茅斯等著她了。她接到這封信時，我們已在柯桑灣（Colson Bay）。她鼓動如簧之舌，說服政府官員相信達特茅斯那裡有一封要給他的快遞信件，還有一筆屬於她的錢。官員因此派去一個男人，結果帶回了娜麗的錢，卻沒有給官員的信。她拿到錢後，就當著他的面取笑他，還說他該謝謝她，給了他這個教訓。他非常生氣，因為船長經常告誡他，柯文太太是他對付不了的。

我們船上還有一個相當規矩安分的女孩，認識的人都叫她是彼特的女兒，她自己也未曾反駁。她的五官確實都跟他十分相似，而在外貌上幾乎與他難以分辨。我們把她留在了傑克森港。

我甚至聽過一些犯人誇耀自己和同謀所犯下的罪行與謀殺，但其中更多人只是無害而不幸的造物，被最低賤的誘惑所害。但有關她們親口所說的歷史，我就不在此煩擾讀者了。

當我們已經遠航到大海當中時，船上的每個男人都從犯人中選了一個妻子，而她們也很樂意。我在這點上跟其他人一樣糟，而跟我同居的女子叫作莎拉．懷特藍（Sarah Whitelam）。她在林肯郡土生土長，個性內向羞怯，是我所見過最溫柔真誠的人。我追求她超過一星期，而如果船上有個神父，我可能當場就會娶了她。她之所以被流放，是因為跟認識的人借了一件斗篷。她的朋友控訴她偷了這斗篷，她就被判流放七年。自從我在鐵砧上砍斷她的手銬之後，我就對她著了迷，並且以我畢生最大的決心，決定要在她的刑期屆滿時，將她帶回英格蘭，成為我的合法妻子。她還在我們前去的航程中幫我生了個兒子。但她後來如何，是生是死，我並不知道。但我不知情並非出於我的薄倖，這點我會在接下來的描述中揭曉。此處先容我說下去。我們很快就發現這批貨物十分麻煩，但與其說是她們太過危險或調皮，不如說是她們太過吵鬧。

當她們其中任何人，例如南絲．費瑞（Nance Ferrel），引起騷動而變得很麻煩時，我們就會把她們關在貨艙裡，把艙門關上。但我們很快就發現這毫無用處，因為她們輪流作亂，故意想被關起來。船上的官員跟船長不解她們行為的轉變，而身為船務長的我無意中發現了真相。我在檢查貨艙裡的雜貨時，發現裝著瓶裝波特酒的大桶側邊有一個洞，而本來應該滿滿的桶子只剩下空瓶子。另一個桶子也已經被鑽開，還有超過一箱的蠟燭被帶走。我立刻報告船長，讓他得知最近犯人們違逆不從，還期望被關的原因。我們於是被迫改變懲罰的方式。這位過去曾跟隨庫克船長的老艾德格中尉要我拿來一個麵粉桶，在桶蓋上切出一個洞，並在桶側各切出一

個洞讓手臂伸出來，稱之為木頭套。第二天早上，南絲．費瑞一如平常來到艙房門口，開始對官員跟船長辱罵。他們叫她走開，去甲板下面，不要吵鬧。她反而罵得更兇，希望能被關到貨艙去。這時那個木頭套被拿了出來，兩個男人將她帶到甲板上，把木頭套套到她身上羞辱她。她大笑起來，四處胡鬧了一會，一副不以為意的樣子。她的一個同夥點了一根煙斗遞給她，她便大搖大擺地到處走動，抽著煙草，讓其他人看著她的滑稽身形哈哈大笑。她踩著小步舞曲的腳步，頭像烏龜似的左右晃動。官員們於是決心讓她真的感到疲累，完全感受此刻處境的不適，畢竟她只能走路或站著，根本不可能坐下或躺臥。最後她開始感到疲憊，哀求官員釋放她。但官員不肯，除非她懇求他原諒，並承諾改過自新。她在傍晚前謙卑地這麼做了，但

是幾天後又跟之前一樣惡劣，溫和的方法根本馴服不了她。我們不得不將她像男人一樣地綁起來，用九尾鞭鞭打她十二下，並且警告她之後每犯必罰，光是這樣，就足以讓她變得百依百順了。

瑪麗．蘿絲（Mary Rose）跟她則有天壤之別。瑪麗是個羞怯內向的女孩，從未跟其他人一起說些猥褻下流的話，在航程中，也不曾跟任何男人在一起。她父親是個富有的農人，而她受到一個軍官結婚的承諾所誘惑，與他私奔，逃離了父親的家。他們一起住在林肯郡，但軍官被迫出國而離開了她。他在離去前，付了她的膳宿費用給他們的女房東——一個可恥的人，結果這女房東不供應這不幸的女孩，卻仍想保有預付的費用，因此發誓說這女孩偷了她好幾樣東西。可憐的瑪麗被她的偽證所害，被判流放。她先前使朋友們蒙羞，因此不敢在落難時求助他們；她的私奔又如同違抗全世界人的意見，因此似乎沒有人願意再與她為友。她只能吞下自己栽植的苦果，不論有多苦澀。在「茱莉安夫人號」離港之後，她的親人發現他們迷失墮落的瑪麗不幸的命運。在他們努力奔走之下，那房東的惡行完全暴露出來，於是她為自己的偽證罪在林肯郡被套上枷鎖示眾。我們在抵達傑克森港時看到一紙她的赦免令，還有治安法官送來的一箱子上好的衣裳，讓她在回程時穿著。我在傑克森港期間，她都住在殖民地長官的家裡，由我每天將她的零花錢送過去。由於「茱莉安夫人號」即將前往中國，因此她將搭上直接返回倫敦的第一艘船。在我們當初漫長的去程中，我將她納入我保護的羽翼下。莎拉跟瑪麗在共同落難之前就已經相識。在我們抵達傑克森港之前，莎拉被拘禁起來，而此時都是瑪麗幫她洗衣服，以及做一些小事。

我們停靠的第一個地方是特納利夫島的聖塔克魯斯，好在此地補充淡水。由於我們的用量很大，因此政府官員在船長的要求下送上許多茶葉跟糖，而非政府容許的牛肉或豬肉。我們每天晚上跟早上都會燒一大壺水，讓所有犯人跟船員都夠喝。當我們停泊在港口時，所有人都被允許用清水洗衣服，用多少都可以。很多時候，他們一天就能用掉一船載運量的四五倍。

我們整天都不限制岸上的人上船來。此時在港口的船長跟水手們都經常上來探望。巴斯里太太買了一箱葡萄酒，並在官員的准許下送上船來。她對其他窮苦的犯人非常好，因此她們都爭先恐後地要服侍她。她是她們當中的女王。

我們船上有幾個猶太女人，其中之一的莎拉·薩柏拉（Sarah Sabolah）有一個耶穌受難十字架，而其他人很快也買到同樣的十字架，假裝自己是天主教徒，藉此從岸上的人那裡得到許多禮物，也為出海囤積了許多存糧。

我們接下來航向聖雅各，並在聖塔克魯斯到聖雅各的航程上，有兩艘要載送奴隸的船為伴。他們如此遠離原定路線，只是為了這些女士們。只要天氣允許，他們每天都會上船來。但最後他們終於航向海岸，去接他們載運的悲慘人類貨物。我們再度補充淡水，並且清理船艙準備重新出發。我們的猶太女人也用耶穌受難十字架演出同樣的鬧劇，並且同樣成功。接著我們航向里約熱內盧，在這裡停泊八個星期，補充咖啡跟糖，因為我們舊有的庫存已經所剩無幾。我在岸上受雇修理麵粉桶，以這些物品作為報酬。猶太女人在這裡收穫頗豐，訪客應接不暇。我收到五十套分娩用的床單，供她們使用，這是來自英格蘭的女士們的禮物。我在這裡就送出了二十套。巴斯里太太充當接生婆，並將在傑克森港繼續執業，但是船上沒有神父。在港口時，這些女士會自己立起類似帳篷的遮蔽處。

在越過赤道時，我們舉行了我在同樣的場合所見過最棒的慶祝。我們在儀式前一天抓到了一隻海豚，於是我們剝了海豚的皮，幫納普頓做了一件衣裳，尾巴部分還塞了東西。牠來到甲板上時，簡直是我所見過最像的美人魚，臉上畫了妝，頭上還頂著一把大大的拖把當作假髮。甲板上沒有任何人認出牠來。一個女犯人看到牠的樣子嚇了一大跳而昏厥，之後還小產了。納普頓也引得男孩們紛紛對牠傾訴愛意，人數之多讓我著實驚訝。不過這類儀式已經有許多人描述過了，我就不在此轟炸讀者了。我們在里約熱內盧後接著航向好望角，並在這裡帶了七十三頭母羊跟一頭公

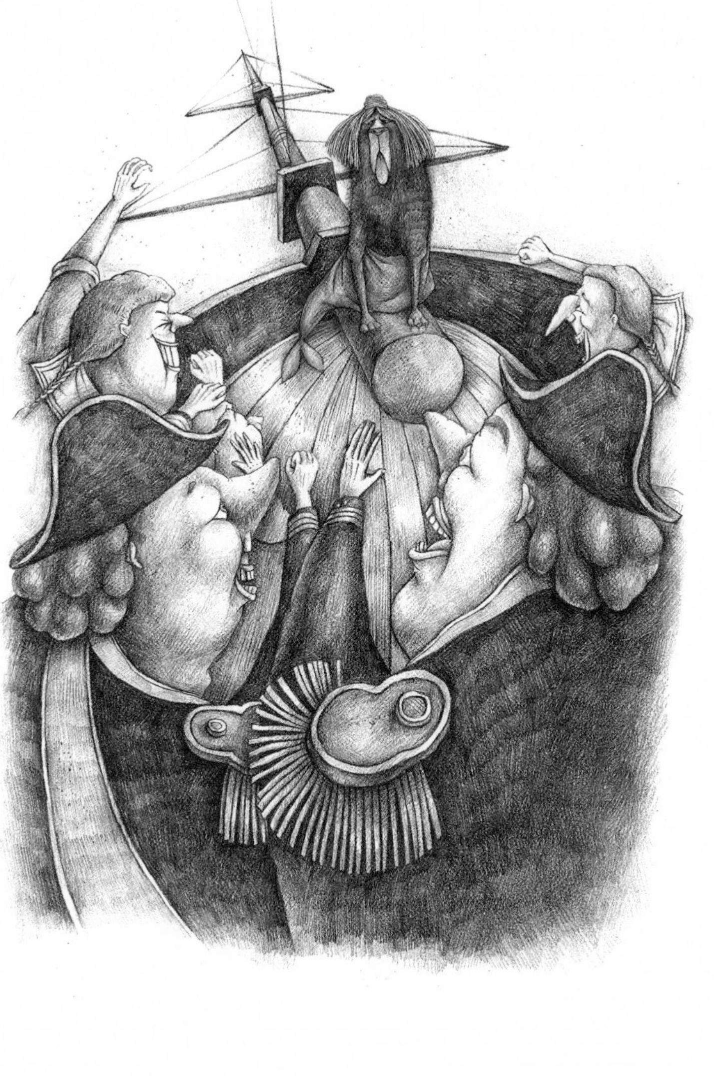

羊上船，要送到殖民地去。我們在這裡耽擱了許久，因為我們得知「守護者號」撞上一座冰山而嚴重毀損，以至於大多數船員都棄了船，從此不知下落。船長跟其他與他待在船上的人，最後是被一艘美國船隻拖到好望角而獲救。我們所以耽擱，是要為殖民地打包麵粉和其他必需品，因為「守護者號」上原本載滿了要給殖民地的補給品。

最後，我們終於航向傑克森港。我們讓其中一個犯人照顧羊群，她幸運地沒有損失任何一頭。不過我們停泊在好望角期間，整艘船險些被大火燒毀，所幸逃過一劫。當時木匠讓裝著瀝青的桶子在甲板上沸騰，冒出了令人驚恐的熊熊火焰。女人們的尖叫聲很恐怖，而她們四處奔逃引起的混亂也讓所有人都嚇呆了。我跑到我的艙房，抓了兩條毯子，先將火焰壓制下來，直到其他人用水將火澆熄。艾特肯船長於是送了我一樣漂亮的禮物，獎勵我的機警。

船長帶了很多亞麻料上船，並在航程中讓二十多個犯人用來製作襯衫，好拿去傑克森港售賣。他用低廉的成本製作了這些襯衫，並在我們抵達時賣掉，因此賺得可觀利潤，因為殖民地的人什麼必需品都缺。

最後，我們幾乎是感到悲傷地，在一七九〇年六月三日停靠陸地，距離我們離開河口剛好差一天就是一年。我們把所有犯人都平安送上岸。但我身為船務長的職責在我們抵達後六星期內都還不能解除，因為根據協議，船長在這段時間內還得供應她們吃喝。這是一片很美麗的土地，萬物茂盛生長。一位海軍中士以每天半克朗的代價，提供「茱莉安夫人號」馬鈴薯跟蔬果等。我們船上有三十六個人，而我們的所需都不虞匱乏。當時鎮上只有兩個當地住民，一個男孩跟一個女孩。這兩個孩子是被父母拋下，而被一群移民帶進來的。我只看到殖民地的一丁點，因為我的時間都被身為船務長的職務佔據了，能空出的一時片刻也都留給了莎拉。

我們恐懼著分離的時刻，更感到光陰似箭般飛逝，而該來的還是躲不了。我們在軍隊的迫使下，才百般無奈地上船，我自願損失薪水不回去，但我們之前已有一個人因病留在里約熱內盧，木匠也跌落海中溺斃，實在缺乏人手。船長不能再少一個人，於是要求地方官長協助。我便被迫離開了莎拉，但我們交換了誓約，她承諾對我永保真心，我也承諾會在她流放時間屆滿時回來，帶她回英格蘭。我真希望當時能偷偷帶她離開，但這是不可能的，所有犯人都被海軍嚴密看守。這時的殖民地還沒有陸軍。我懷著沉重的心情告別了傑克森港，決心一到英格蘭就立刻返回。我們本來還可以再多留一段時間，但艾特肯船長身體很不適，船員們也急著要完成航程。

殖民地有一種他們稱為甜茶的草藥，沖泡飲用的方式就跟中國茶一樣。我很喜歡這種茶，它不需要加糖，同時苦中帶甘。有一個年老的女犯人頭髮都因蒼老而灰白，臉上也滿是皺紋，但她卻能哺育她在殖民地生下的孩子。所有人都去看她，我也是。她的頭髮如此之白，讓那場景顯得很奇異。她的生育力都要歸功於那甜茶。我帶了兩袋，打算送給朋友們，但是我們當中有兩人因壞血病而病重，我於是讓他們服用，而治癒了他們，卻減少了我的庫存。我們來到中國時，我把這茶拿給我的中國朋友看，他們立刻急切地向我買下，還百般央求要更多，以及我同樣保存下來的大量種子。我把種子賣給他們，只帶了少量的草藥回英格蘭。

我們抵達黃埔時，我重拾了跟中國朋友的友誼，非常欣喜，但心上仍時時掛念著莎拉。這真是我有生以來最無精打采的一趟航程。我更換了在船上的鋪位，但什麼方法都沒用，身邊的一切都讓我憶起她令人喜愛的模樣。讓我更哀傷的是，我居然留下仍身為犯人的她。如果我是自願選擇出海而離開她，那麼思念她時，也會帶著令人愉悅的悔意，並渴望著很快能再見到她。但是，我卻讓她暴露在誘惑之中，在這世界所能想像的最糟糕的同伴之中，想起來就讓人無法冷靜以對。我把在所有旅程中陪伴我的聖經留給了她，上面還寫了我們倆的名字。過去我根本連想都不會想到聖經時，她卻經常會讀經。這些思緒佔據著我的心頭，讓我幾乎決心放棄我的薪水，在里約或好望角離開「茱莉安夫人號」。但是，我離家千萬里，又身無分文，不可能支付送她回英格蘭的旅程，若這樣做簡直跟發瘋沒兩樣。況且，我也無法想到要與蘇格蘭永別，畢竟我始終渴望在結束一切流浪後，能在那裡安身立命。我下定決心搭著「茱莉安夫人號」回到英格蘭，並一有機會就再找一份船上的差事，屆時她流放的期限也將至。我們在返回英格蘭的路上，曾在聖赫勒拿島短暫停靠。我們一抵達英格蘭，我就拿到全部的薪資，也即刻到處詢問是否有船開往新荷蘭6，但是完全沒有，而且似乎暫時也不會有。

注解

1 達特福德（Dartford）：英國城市，位於肯特郡。
2 即湯瑪斯·艾德格（Thomas Edgar, 1745-1801）。
3 傑克森港（Port Jackson）：即澳洲雪梨港。
4 新門監獄（Newgate Prison）：英國倫敦一所著名的監獄，建於一一八八年，於一九〇二年關閉。
5 喬治·戈登（Lord George Gordon, 1751-1793）：英國政治家，領導反天主教團體，一七八〇年發動了「戈登動亂」，以反對在一七七八年引入的天主教徒法令。
6 新荷蘭（New Holland）：即澳洲。

ℵ

作者搭上一艘南海捕鯨船——種種事件——對莎拉所為的哀傷捕海豹——海獅——在派塔意外遇見同鄉——在此地的交易

正好有一艘由薛爾斯船長（Shiels）指揮，名為「亞美利亞」（Amelia）的船正在整裝準備去南海捕鯨。它屬於艾德柏洛的地方鄉紳，停泊在倫敦的保羅碼頭。我拿到這船上的桶匠差事，所有船員都可以分到一份利潤，而且身為桶匠的我還可以分得比一般水手多。但這不是我眼前的目標，我的目的也不是為了錢。我把所有錢都安全地藏在身上，放到我衣服縫的暗袋裡，準備到時候跳船，用這些錢來支付莎拉跟我兒子到英格蘭的旅費。我的打算是，等我們在回程時航行到里約熱內盧，我就假裝生病，然後設法從船長那裡拿到我應得的分紅，便離開這艘船，否則也只能等返回倫敦後再去要錢。我可以從里約輕易找到往合恩角的船，而只有從合恩角，我才有機會搭上往新南威爾斯的船。我本來也可以一直待在「亞美利亞號」上，直到它到達合恩角，但我擔心它可能根本不會下錨停泊。這就是我搭上「亞美利亞號」時心裡的打算。

我在離開「茱莉安夫人號」兩個月後，又再度出海，希望無論如何都能到達傑克森港。但在第一次啟航時，我們就擱淺在靠近諾爾的紅沙島（Red Sand）。我們落難地停滯不前時，來自海口迪爾鎮（Deal）的一群男人出現，想砍掉我們的桅杆，弄沉我們的船。我身手敏捷上前協助船長，手持雙槍捍衛我們的船，威脅說誰敢第一個踏上我們的甲板，我就會轟掉他的項上人頭。還好天氣和煦，沒有大型小艇的我們便靠著兩艘小艇，把錨拉到深水區，然後在漲潮時脫困。但很令我失望的是，我們被迫得讓船回到船塢去，移除銅製防水殼，好好檢查一番。除了我以外，所有船員都離開了，他們的合約因為返航而解除，而且他們也不願意再搭上這艘船，因為他們相信這趟航程不會有好事，擱淺就是顯示它厄運的壞兆頭。

泰晤士河上沒有任何要開往新南威爾斯的船，而東印度公司的船隻也要等到大約三月才會啟程，「亞美利亞號」仍會是第一艘出發的，因此我沒有理由離開它。不久我們就又準備好出海了，並且搭載了一整批新雇的船員。我們首先在屬於葡萄牙人的波納威斯塔[1]停靠，在這裡買了活的牲畜，還有用來醃漬海豹皮的鹽。接著，我們停靠聖雅各，買了更多活的牲畜，之後再前往福克蘭群島，買鵝跟豬。我們接著前往艾斯塔多島，經過了麥哲倫海峽和勒梅爾海峽2，但是都沒有穿過其中。我們繞過合恩角，然後在我們的漁場停下來，這塊區域就在南緯十八度跟赤道之間。我們整趟旅程都在準備和裝備釣魚的滑輪工具，因此此時可以直接開始捕魚。我們的爐灶在離開英格蘭之前就已經建造好，因為南海的捕鯨船都是直接在甲板上煮鯨蠟。爐灶是用耐火磚建造的，而在最低一層跟甲板之間會留下大約九吋高的空隙，相當密實防水。一旦火點著，在捕魚工作完全結束前，就不能熄滅，而磚塊跟甲板之間的空隙注滿了水。上頭有兩個塞住的孔，一邊一個，當水變得太燙，快把甲板上的瀝青融化時，不論船當時往哪邊傾斜，我們都可以拔開靠下方的孔的塞子，並立刻把冷的水從上方注入這個空隙裡。這個鍋爐必須有人小心翼翼看守著。我們不需要帶著煤炭來燒油脂，因為只要點燃了火，就可以用油脂的渣滓保持火焰繼續燃燒。這種爐火渣滓比任何肥皂都好，我們的衣服因為做這項差事而必定又黑又油膩，但不論多黑多油，只要把一鏟爐渣放進一盆水裡，衣服就會變得潔白如新。

在捕魚期間，我們完全靠海龜維生，而真的吃得很膩。但我們捕魚的運氣很好，抓到了一隻鯨魚，從牠身上取到了二十五磅重的龍涎香，是單一一艘船帶回英格蘭的最高記錄。我們在漁場遇到了柯芬船長（Coffin）指揮的「維納斯號」（Venus），它先前帶著我國的囚犯去傑克森港，而此刻船上也仍有一名犯人，因為他一直躲在這艘船上，直到出海，而逃過了被流放殖民地的命運。他一直都躲著我，但是其他人向他保證我絕對不會去告密，他才終於有勇氣跟我說話，並問我是否曾去過傑克森港。我告訴他，我曾待在「茱莉安夫人號」上。他告訴我，他曾在那裡看過我。我的心一下子緊張地跳起來，我害怕卻又期盼聽到莎拉．懷特藍的消息。最後我還是開口問了。當我得知她已經離開殖民地，前往孟買時，我的哀傷真是難以形容。我最大的恐懼兌現了。變化無常的女人啊！她為何懷疑我會背叛承諾呢？但我仍舊愛她，無法忘記她，於是決心追隨她到印度去。我無法再跟他說下去了，便突然終止了當下的對話，讓他沮喪茫然，更勝當年離開傑克森港時。我的哀傷在當時還沒有攙雜對她的貞節的懷疑，我離開她時，她只需要服三年勞役，而這三年尚未期滿。他也無法告訴我她是如何離開的。每次我們見面，我都會再度詢問。他的回答始終一致，而且嚴正地向我保證他句句屬實，我於是不得不相信這令人不悅的事實。我也問到我的兒子約翰，但是他無法給我任何確切的消息，他相信莎拉把他一起帶走了。但是因為犯人不能把孩子留在身邊，必須一起待在政府的學校裡，因此他也無法分辨哪一個是莎拉的兒子，更沒有親眼看到她離開。現在我已經沒有理由去傑克森港了，有好幾天，我也完全不在乎自己最後會淪落何方。但後來我對她的愛又重新甦醒，比我離開她之後的任何時刻都來得強烈。我甚至贊許她離開了殖民地。我在心裡低語，她這樣做是為了遠離不好的同伴，於是我決心盡快到孟買去，努力找尋她的下落。

當我恢復平常開朗高昂的精神之後，便以水手的熱情盡力工作。在拿取了夠多的龍涎香之後，我們一路遠航到南緯三度的羅裴斯島（Island of Lopes），在那裡殺了三萬隻海豹。追殺海豹讓我們忙了好一陣子。等到獵取足夠的數目之後，我們開始捕獵海獅，以便取海獅皮作為船上之用。一隻海獅的皮就得兩個男人才扛得動。我們經常在早上站在岩石的縫隙，在牠們接近海水時，用棍子將牠們擊昏，然後用我們的長刀刺殺牠們。

我們的同伴喬治．帕克（George Parker）有一次對一頭海獅揮出一擊卻失了手，於是牠往喬治撲了過去，長牙直接戳進他的手臂，手腕上方一點的地方，然後悠哉地帶著他走進海裡，帕克因為疼痛與驚恐而如公牛般嘶吼。羅柏．懷德（Robert Wyld）察覺他身陷險境，趕忙跳進水裡營救他，並且幾乎差點滅頂，才成功地解決這頭身形碩大的野獸。然後，他把他們兩個一起拖上岸，並費盡艱難地才把牢牢卡住的海獅長牙從骨頭之間拔出來。

我們不久後又往北航行了三度，來到赤道以北的坦博河3，在那裡下錨。船長搭著我所屬的小艇沿河而上九英里，到坦博鎮去。我們請了一個美洲印第安人當領航員。他似乎敬鱷魚為神，因為他不斷對牠們鞠躬並念念有詞，非常忙碌，因為鱷魚數量眾多。鎮長跟鎮民都對我們非常友善有禮，我們整晚都待在鎮長家享受國王般的盛宴。薛爾斯船長送給他一些波特酒跟一塊乳酪，還有其他東西，而為了回報我們，我們想帶走多少頭小公牛都可以。但我們只帶了一頭，因為船上只有十六個人，要趁新鮮吃的話，頂多只能吃掉一頭小牛。我們在河裡取水，然後越過赤道到派塔城4，在這裡一個美麗的海灣下錨。這個海灣幾乎完全被陸地包圍，因此如蓄水池般平靜無波。

我們才剛綁好全部的纜繩，一艘小艇就來到船邊，詢問船上有沒有蘇格蘭人。船長准許我下船離開，因為我是船上唯一一個蘇格蘭人。我被帶領到城裡一家麵包店，進入一間高雅的房間，一個滿面病容但服飾體面的人站起來迎接我，跟我握手，用蘇格蘭口音說：「你好哇？」我如此意外地聽到自己的家鄉母語，立刻耳朵

發癢，心情雀躍。我仔細看著他，但實在沒見過他。我謝謝他，然後我們坐下來，一聊就聊了許久。我們談到古老年代的蘇格蘭，而且有很長的時間都是我在說話，因為他有許多問題要問，而且他似乎想把我說的每一個字都吞下去，病懨懨的臉上也散發出喜悅的光芒。最後，我終於聽到他自己的故事。他的家鄉在印威內斯（Inverness），從小他就想出海，後來來到了西印度群島，加入西班牙屬地沿岸盛行的走私品交易，曾因此入獄，被送到蒙特維多（Monte Video），後來又被送到利馬（Lima），被關在此地的監獄多年，吃了許多苦頭。但由於他是羅馬天主教徒，因此沒有被送去採礦。他設法獲得了自由，後來又贏得一位富有西班牙仕女的愛慕，出錢讓他獲得赦免，之後並嫁給他。他現在非常富有，擁有一艘自己的船跟其他龐大的資產，但他在派塔城病倒，便下令他的船留下他，繼續航行，然後命他的僕人前來，經由陸路把他送回利馬。他預期他們應該隨時都會到了。他慷慨地款待我，後來離開時還送了我豐厚的禮物。他在我們停泊派塔期間離開這裡，我很吃驚有如此多的僕人與馬匹來迎接他。他的鞍具就足以買下五十匹馬，馬蹬是純金打造，其他部分也到處鑲金，打造的工匠學到的鑲金技術似乎還勝過他的裝飾品味。他提供了最誘人的報酬，想叫我跟他一起走，但是對我而言，莎拉比全世界的財富都重要。

派塔的鎮長與鎮民對我們非常好，我們在此度過愉快的時光，所有人都對我們敞開大門。他們總是硬塞水果給我們，也讓我們可以盡情暢飲美酒。鎮長還招待我們去看一齣西班牙劇，這些娛樂持續一整天。在戲劇演出時，還有人為我們送上酒、甜點，跟水果，但是我們聽不懂西班牙文，因此更在意點心而非台上的戲。鎮長是我所遇過最善良的紳士之一，他告訴我們，他喜歡英國人的慈悲人道。他在安森爵士5將此城鎮洗劫一空時，也在這裡。從那之後，他們就不把聖人像跟捐款盤留在教堂裡了，而是收在鎮辦公廳裡，但辦公廳也不比教堂堅固。你每天都可以看到他們把這些東西搬出來又搬回去。

鎮長非常想學英文，而我可以用西班牙文買賣東西，他因此很看重我。我在船上有一本英文與西班牙文的字典，便送給了他，他因此回送我一份大禮。他很喜歡這字典，所以英文進步神速。他也是第一個告知我法國國王6死訊的人。他一隻手劃過喉嚨，說：「人民砍了法國國王的脖子。」我了解他的意思，但是並不相信這個消息。

我在岸上時通常穿著一件黑外套，上面有黑色牛角釦子。我經常在鎮長家裡遇到的一個教士喜歡上這些釦子，而表示願意花任何代價向我買，我便馬上把釦子剪下來送給他。我的馬褲跟背心上也有同樣的釦子，不久，它們也全都被送了出去。如果換成是猶太人，肯定會藉此賣個好價錢。儘管他們很好心，但也很迷信。有一天晚上我錯過了小艇，而如果不是跟我在一起的一個葡萄牙人告訴他們，我是愛爾蘭人，我肯定要露宿街頭了。「喔，愛爾蘭人！好基督徒！」他們喊道，並且熱情地接待我，把我安頓在家裡最好的地方，很高興能款待像愛爾蘭人這樣好的基督徒。

雖然一切發展都如我們的期望，我們的龍涎香也賣得很好，但我們後來被迫得匆匆離開派塔。我們的一個夥伴在喝醉時，公開告訴當地人說我們在賣龍涎香，而且還有大量待售。鎮長立刻請了船長過去，告知他所面臨的危險，他本身並不反對我們賣龍涎香，但是如果風聲傳到利馬，他們一定會派出小型軍艦帆船來派塔搶奪這份戰利品。我們十分擔憂，因此無法再耽擱，只能趕緊裝載所需的補給品，而鎮長也不願意收取補給品的錢。我跟其他兩人一起去跟鎮長道別。在前去時，我們看到兩位女士躺在一個網子裡搖著，一個女僕在旁邊推著網子擺動。我們停住腳步看了她們幾分鐘，她們才察覺。她們一發現，就要那個女僕停下來，並從網子裡下來，招呼我們進屋，端出水果跟酒來招待我們，在我們想離開時，還不讓我們走。這裡的女士都顯得蒼白而病弱，舉動也懶洋洋的，連男人都慵懶成性。每個人的樣子都像是希望有人抬著。

注解

1 波納威斯塔（Island of Bona Vista）：位於紐芬蘭。
2 勒梅爾海峽（Straits le Mair）：又稱拉美爾海峽。位於阿根廷火地群島最東方，與艾斯塔多島之間的海上通道。
3 坦博河（Tambo）：南美洲安地斯山脈東面的祕魯河流。
4 派塔城（Payta）：祕魯的城市。
5 安森爵士（George Anson, 1679-1762）：英國皇家海軍艦隊指揮官，以環遊世界稱著，並著有 *A Voyage Round the World in the Years 1740~44*。
6 指路易十六。法國大革命後，於一七九三年被國民公會判處死刑，一月二十一日被送上斷頭台。

XI

里約熱內盧——葡萄牙水手——里斯本——作者抵達倫敦拜訪莎拉的父母——搭上往中國的船——奇聞軼事

我們開航時，船尾架了兩道橫桁，上頭綁了一張網，裝滿南瓜、甜瓜跟其他蔬菜，都是這些好心的西班牙人給的禮物。我們直接航向里約熱內盧，而且因為我們如此迅速就完成了該運載的貨，薛爾斯船長便打算在那裡停留一段時間，因為如果他在國會決議中明定的時間前抵達，就會失去他的獎金。此時有很多葡萄牙船隻都停泊在里約熱內盧。有六個月時間，我們沒有聽到任何來自里斯本的消息，因此我們相信法國已經拿下了葡萄牙。在這段時間我都度日如年，非常擔憂自己損失了這麼多時間。最後終於有來自里斯本的一艘船抵達，而所有葡萄牙的船都已準備出航了。此時，地方官的通譯官來到「亞美利亞號」上，請求薛爾斯船長基於個人情誼幫個忙，讓四個手下到「代將號」（Commodore）上協助回程的航行，因為這段航程將是在冬天。我立刻自願上船，希望這會讓我早點到達倫敦，還能多賺點錢給莎拉，因為我同樣能拿到如同繼續在「亞美利亞號」上工作所該得的一份薪水。不過，我若早知道處在那些可憎的葡萄牙水手當中必須承受的遲延、疲憊，跟煩惱，就絕對不會為了「代將號」所能給的任何報酬，而離開「亞美利亞號」了。即使「代將號」給的報酬確實很優渥，畢竟這艘船知道我們的價值，而且完全要仰賴我們。我們必須負責船的航行，而萬一有敵人靠近，還得負責作戰保衛船隻。這艘船已經在里斯本和里約熱內盧之間擔任商船四十年，但是從來不曾在冬天航行。葡萄牙人是全世界最不會在惡劣或嚴寒氣候中航行的水手，但我們對這兩者都有豐富的經驗。但是最糟糕的是，船上有一個黑人教士，而船員對他比對船長還要尊敬。他一天到晚都在搖他的鈴，叫大家望彌撒，或往大家身上灑聖水。每次只要風吹得比平常大一些，他們就肯定會跑去船尾甲板找這個黑人教士。這極不像水手的行徑，還一度差點害我們沉船。

當時所有船員都跑到後甲板去，雙膝跪地，臣服於他們的命運，讓教士在他們頭上灑出大量的聖水，於是只剩我們這四個英國人掌舵跟操作船帆。光是控制船的方向就需要兩個人，因此由另外兩個人來處理風帆。結果它便打橫而側面受風。威

廉·梅瑟（William Mercer）跟我趕緊跑過去切斷前帆的控帆索，讓帆桁可以擺動。在此同時，船長、大副跟船工則把前轉帆索收進來，讓船即刻轉正。要不是它的圍板很高，它一定會進水翻覆。艙門周圍的甲板已經淹滿了海水，但是一等它轉正，我們終於能張開船帆，那些葡萄牙人也離開了教士，前來幫忙。

我們都工作到筋疲力盡，如果不是因為吃得很好，而且船長還給我們充足的酒喝，我們肯定撐不過來。那黑人教士經常隨意搖鈴，根本不管我們在做什麼，而那些葡萄牙人一聽到鈴聲，就會衝到他們的艙房去拿十字架。經常只要鈴聲一響，拉到一半的綁主帆的繩子就被拋下，船就被放在下風處漂浮，直到禱告結束。由於風很強勁時，兩個人根本不可能操作船帆，因此他們在禱告後回來時，只能開始吼叫著用力拉帆，並且呼喊他們的聖人，彷彿上天會伸出援手一般。我們都快被他們逼瘋了，幾乎忍不住想摑他們耳光，他們跟他們的聖人都受到我們許多發自內心的詛咒。然後他們會跑去找船長或教士，抱怨說英國人詛咒聖安東尼奧或他們其他的聖人。我經常不解，船長為什麼不在天氣惡劣時把那名教士關在他的艙房裡，因為此時他肯定是最忙的。不過他們前去抱怨時，船長都站在我們這邊，並喝止葡萄牙人不得輕舉妄動，否則我相信我們一定早就被丟下海去。他們經常瞪著我們，彷彿要將我們生吞活剝，還當著我們的面說我們是「豬肉」，也就是罵我們是「死豬」──說我們根本不知道上帝或聖人。我給他們看我的聖經與聖人的名字，結果他們很驚訝。如果我再跟他們航行一趟，肯定能夠讓其中許多人改信。我是禿頭，因此他們叫我英國神父，鈴聲經常在我們吃晚餐時響起，他們便問我為什麼不去望彌撒。「我的彌撒就是跟廚師一起吃飯。」他們於是開始覺得我的宗教真的很棒。但他們似乎認為這惡劣的氣候完全是因為我們而來，是聖母與聖人在懲罰船上雇用了異教徒。

我們接了一個意外的旅客上船。他靠著買賣奴隸賺了大錢，打算返回葡萄牙的家鄉，但他在船上生病而過世。在他的喪禮上，進行了以下的儀式：每個人手上都拿著一根蠟燭，所有人在甲板上排成兩列，船的兩側還掛滿了燈籠，連船底都照亮了。遺體被抬著通過兩列隊伍之間，那教士吟誦著經文，而每個人在遺體經過時都碰了一下，最後才將遺體拋入海中。船長請我們照著其他人的樣子做。威廉．梅瑟說：「船長，如果你希望的話，我很願意把他丟到海裡。」

最後，歷經三個月漫長的航程，我終於脫離了這群卑劣的船員。我們抵達太加斯河（Tagus）後，葡萄牙人就開始與我們爭吵衝撞。我們盡力對抗，直到船長讓

其中五個人在士兵的戒護下送上岸。我們就待在船長的家裡，直到拿回薪水為止。除了原本同意的報酬以外，船主還給了我們每人一個達布隆金幣，因為船長在船主面前如實地肯定我們的貢獻，說：「如果英國人對他們的靈魂，也像對他們的身體如此細心照顧，他們會是全世界最優秀的人。」我跟船長聊了很多關於葡萄牙人經常如此無知的原因，並詢問為什麼那名教士不告訴他們更多正確的知識。他說：「如果我們教導他們更多，他們很快就會干涉教士該怎麼做他的工作，還會違抗政府。他們必須一點一點地慢慢獲得知識。」

我們在船長這好心朋友的要求下，在離開前協助了一場宗教儀式。在這艘船打橫時張開的前桅帆，被當成獻給教會的獻禮，因為那黑人教士告訴教會說，他們是因這張帆而得救。雖然連船上最差勁的水手也知道就是這張帆差點害我們沉船，但他們也不敢跟那名教士作對。所有船員拿著手帕，抬著這張帆遊行過里斯本的大街，然後經過一連串做作的儀式，把它放在祭壇上。我們就此離開了他們，但在教士們對這張帆祝福過後，那艘船的船主又把帆買了回來，因為對教會而言，錢比前桅帆有用得多。

我和威廉．梅瑟在一艘幾天後即將開往倫敦的雙桅帆船上找到差事。在等待開航的這段時間，我們就在里斯本骯髒的街道上閒晃。不過葡萄牙的上層階級非常和善有禮，有一天晚上我趕不上回雙桅帆船睡覺，一個葡萄牙商人注意到我的窘境，因為夜晚時分在里斯本尋找住宿之處不是一件愉快的事。我沒有開口請求，他便帶我回他家裡，讓我飽餐一頓並留宿。就算我是與他熟識的紳士，他對我的善心與款待也不會更勝於此。他還命他的僕人按照我要求的時間，在早上叫醒我。

由於戰事隨時可能爆發，我們都很擔憂被強制徵召。那位葡萄牙船長在我們的要求下，幫我們跟里斯本的英國領事拿到了一張保護狀。我懷著欣喜的心情啟程前往倫敦，打算在那裡找一艘開往印度的商船，想辦法去孟買尋找莎拉，因為她仍是我一心鍾愛的人，此刻我迫不及待地想趕緊抵達倫敦。我經常想著，希望她已經平安到了她父親的家，在那裡因為思念我而憔悴。我會連著好幾天，陶醉於這樣的白日夢中。

我們到泰晤士河口的格雷夫森港1時，一艘戰船派來小艇登上船，要徵召船上任何英國人。由於已經到了河口，威廉跟我都選擇不要信任保護狀。於是我們躲在一些棉花袋當中，差點窒息而死，但可以聽到外頭說的每一句話。船長告訴那名上尉說，他全部的手下都在他眼前，而且全都是葡萄牙人。那上尉也沒有深究，沒怎麼搜尋就離開了帆船。那小艇離開後，我們從藏身處爬出來。但不久，又有一名海關官員上船來。由於我的衣箱裡有一套我之前買起來，希望在傑克森港幸運找到莎拉時，能讓她眼睛為之一亮的大禮服，我便在我們下錨時立刻穿上，並給了那個海關官員半基尼金幣，請他出借他的三角禮帽跟他撲了粉的假髮，他杖頭燙金的拐杖也包含在交易內。我還請一個船伕送我上岸。我相信我自己的父親如果還在世，看我手上拿著拐杖，頭上戴著禮帽，還頂著蓬鬆的大假髮，也肯定認不出我來。我跟船伕打聽了駛往倫敦的馬車出發的驛站，但我其實跟他一樣清楚，我是故意假扮成船上的旅客。到了驛站，我點了一品脫葡萄酒，要了紙筆，便振筆疾書地寫著我腦中浮現的各種胡言亂語，直到馬車出發。這一切預防措施都是必要的，因為如果那個船伕懷疑我是水手，立刻就會通報強制徵兵的拉伕隊。驛站裡的跑堂也是。

我藉著這些小心翼翼的措施安全抵達了倫敦，但是我一直等到第二天，才仍舊以偽裝的樣子去到瓦平區2，在以前的借宿處住下。我的房東去了船上，帶回我的被褥跟衣箱。我把它們交給他處理，逕自前往林肯郡去尋找莎拉的父母。但我問盡了問題後，發現他們對她的下落所知也不比我多。他們得到的最後消息就是來自我在「亞美利亞號」開航前，在郵局寄給他們的那封信。我立刻回到倫敦，但很失望的發現無法在直接開往孟買的任何一艘開往印度的商船上，謀得任何差事。我只好退而求其次，決定以桶匠的身分，搭上開往中國的「諾丁罕號」（Nottingham），讓上天的旨意來決定我們是否還能再相見。為了幫助我達成目的，我的房東把我交給了拉伕隊。他因為軍方通報而獲得六基尼金幣，但他將這些錢還給我。他來自蘇格蘭的印威內斯，是個非常誠實正直的人。我每次到倫敦，都寄宿在他那裡。我在入伍時目睹了一場奇特的場景。當天還有其他幾個人被徵召，其中之一是個老水手。羅傑斯船長（Rogers）在檢核每個人時，問他要怎麼把主帆的前帆下角拉上來。他回答說：「大人，我不會說，但我可以做給你看。」他一隻腳探進羅傑斯船長的口袋，瞬間跳上他的肩膀，把他的外套撕裂到下襬處，說：「我們就是這樣把主帆的前角拉上來。」「諾丁罕號」的貝爾福特船長（Barefoot）跟其他船長都哈哈大笑起來，包括羅傑斯船長，但他有點惱怒地說：「你不撕裂我的外套也可以示範啊。」——「怎麼可能呢，大人？」是他的回答。

注解

1 格雷夫森港（Gravesend）：英國城市。位於肯特郡西北部，泰晤士河南岸。

2 瓦平區（Wapping）：倫敦東部區域。

XII

抵達好望角——奇特的事件——爪哇——黃埔——中國工匠——音樂
返回英格蘭，被強制徵召——利斯水道——叛亂——海上風暴

我於是再度以桶匠身分，在一七九三年搭乘「諾丁罕號」出海。期間沒有什麼特別值得注意的事發生。過去我曾走過同樣的航程，因此不再在此耽擱讀者，但我不得不提在好望角外海目睹的一件事，因這恐怖的例子足以顯示，人為了脫離他所厭惡的處境會做出多大膽的事，以及遭遇多大的危險。當時一艘戰船正在清洗它的小艇，而這前往東印度的船隊出現在它視線內。為了方便清洗，這些小艇被放到船外，在船尾漂浮。四五個男人於是溜到這些小艇上，割斷了纜繩，讓小艇孤獨無依地在海上漂流，就這樣自願地投身到遼闊的大西洋上。他們身上沒有一點乾糧、一滴水，或任何可以引導他們所乘小艇的工具，只期盼能被其他大船救起。他們對著我們高舉雙手揮舞，用最迫切的姿態哀求我們讓他們上船。但是船長不肯。「諾丁

罕號」是航速很快的帆船，也是船隊中帶頭的第一艘。他說：「我不會停下來救他們，後頭的一些船會把他們拉起來。」在他一邊說話時，這些不幸而絕望的可憐人就在我們眼前越縮越小，而他們的吶喊卻在我們耳中回響。我希望後頭的船會將他們救起。在我親眼所見的事例中，最令我記憶深刻的，莫過於這些追求自由的犧牲者絕望的神情與驚慌的姿態。第二天早上，他們逃離的那艘快速帆船開到我們近旁，詢問我們是否見到他們，船長盡可能含糊其詞地回答。我們抵達了爪哇，在巴達維亞[1]下錨後，我便到處詢問有沒有開往印度的船，而如果有的話，我就會立刻離開「諾丁罕號」。首先我把所有錢都藏在身上，我也想過假裝生病待在這裡，直到有開往印度的船出現。但是，如果必須待在醫院裡——歐洲人的墳墓，我很可能會真的假病成真；如果我健康地走在城裡，荷蘭人很快就會將我綁架。於是，我再度陷入困境。事實上，我必須承認，此刻我已經不如之前那樣感到相思的痛苦。距離我在殖民地離開莎拉至今已經四年了，而她卻沒有等我到來便匆匆離開，也顯示她對我不如我對她那麼在乎。我也經常想到她沒寫信給自己的父母，實在是太過輕忽。於是我下定決心，不想冒著風險離開「諾丁罕號」，而要搭著它回去英格蘭安頓下來，因為此時我身上已有了些許現金，五湖四海也都見識過了。我只打算在去蘇格蘭的路上，去林肯郡造訪她的朋友一趟，以此獲得的訊息來作為對我命運的判決。

我們航向黃埔，在這裡受到我的中國朋友熱情款待。現在我觀察得更仔細，並在除卻了新奇事物的光芒之後，把一切看得更清楚，但仍沒有理由改變我之前所說的一切。在家鄉時，我就一直認為中國人是最傑出的商人，也是最聰明的民族，但我認為他們的某些能力被高估了。有些東西他們製作得非常精緻，但是若考量到他們製作時所使用的工具，結果如此就不足為奇了——我指的是當地所生產的釉漆與顏料等等。就用我可以發誓擔保的這些事實來證明吧：以我這行為例，他們無法做出任何像鼓狀桶這樣兩端開口的容器。他們的程度只能做出木盆子，而且他們是用竹子做的楔子，把盆底跟側邊的木片接起來。當有來自歐洲的酒桶要鑽孔好把鉤子鉤上去時，他們甚至不會鑽孔，必須請外國桶匠上岸來做。我自己就因為提供這項服務，而從中國商人那裡得到許多五角錢。我相信他們也不會做有頭的釘子，我自己碰過幾千根他們的釘子，就從來沒看過任何一根像英國那樣有頭的釘子。他們的釘子要不就是一根直直的木栓，要不就是像公雞腳趾那樣簡單彎起。他們的鐵匠也是所有民族中最糟的，如果拿到一塊厚厚的鐵，也不曉得該拿來做什麼。我和其他桶匠總是保留著切下來的小段鐵環，也總是被他們狂熱地買去，但較大的鐵片，他們就鮮少會拿了。我們跟隨「喬治國王號」來到此地時，一艘名為「阿吉爾號」（Argyll）的船在出發的航程中損失了它的方向舵，沒有新的舵就無法出航，但在廣東省沒有任何鐵匠可以鑄造出這鐵製品。這艘船的船長於是請「喬治國王號」的軍械士幫忙，他接下這份差事，三個星期內就完成了，賺到了一百元。我認為他們似乎是很優秀的模仿者，但非發明者。我們的一位軍官要一位畫家幫他畫一幅肖像畫，並吩咐這個中國人不要讓他看起來醜陋。他的回答是：「要怎麼畫出不同於真實的東西呢？」他完全不知道該如何改變他的五官，以美化他繪畫的對象的容貌，只是照本宣科地如實描繪他眼前的一切。如果你想要訂製任何異於一般的物品，就一定要有一個一模一樣的作為樣本，否則他們不會接下差事。另一項證明他們缺乏創造力的明證是，當你看到一間房子，就等於看到同階級人家的所有房子。你看到他們製作的任何一樣物品，就等於看過了所有同類物品。你幾乎看不到什麼變化，所以如果價錢合適，千萬不要再浪費力氣尋找其他。這裡的風尚也從不改變，你所能找到的最古老的器物，都跟現在最新的器物有著同樣的做法與風格；而兩百年前造訪這國家的旅人，除了人不同以外，也看不出什麼區別。我可以說，現在這些民族是新的人，因為舊的人已經過世了，但他們仍穿著同樣的服飾，住在同樣的屋子裡，大致的外貌都沒有絲毫改變。我看到的唯一一種樂器是一種風笛，像蘇格蘭低地的風笛，而他們吹奏得很好。至於他們的鑼，我實在不能稱之為樂器。皇帝的特使被水手們取了個「約翰・塔克」（John Tuck）[2]的綽號，因為他配置多達七十四門大砲的大船上，除了擠滿隨從以外，還有一座絞刑架。而他搭著大船出現時，他的樂隊裡也只由風笛組成。我只聽過他們在氣候惡劣時以及燒紙錢時，敲鑼來對菩薩發出「鏘、鏘」的聲響，而且每一艘船，包括最小的舢舨，都會供著一尊菩薩。皇帝的使者每年會來檢閱艦隊一次，並對艦隊司令致敬。那是河上最壯觀的景象，他會給艦隊的每一艘船送上小公牛、酒、米酒，和麵粉等禮物。軍官們會從船上潑米酒，這是一種用米蒸餾出的有害烈酒。那麵粉又如此粗糙，都被拿來餵豬。他們會衡量每艘船的大小，並且可以在相差不到四分之一箱的差距內，精確判斷一艘船的容量。但從美國來的第一艘單桅船只有一根桅杆，中國人於是說：「嘿，喔，怎麼回事？只有一根桅杆要怎麼測量？」因為他們習於測量不只一根桅杆的船。他們是用桅杆之間的距離，來衡量船的寬度跟深度。

我順河而上來到海珠砲台[3]，這是在河中央，面對著廣東的一座廢棄碉堡。當時荷蘭人假裝想建一間醫院，照顧他們的病人，而獲准建造。但他們的計謀因為一桶裝滿火藥的大木桶爆炸而被發現，中國人於是迫使他們停止興建，這座碉堡便就此荒廢。

中國人賣魚、青蛙、老鼠跟豬時，都是活生生的，而且秤斤論兩地賣。他們的青蛙是人工繁殖餵養的，也是我所見過最大的。我們買出海用的存糧時，豬都是用籃子吊上船，並且掛在籃子裡秤重。

中國女人很少出現在大街上，她們很不會走路，長裙都拖在地上。她們的頭髮如皇冠般，很美麗地高高綰起在頭上，用一根金簪子或銀簪子固定住。但韃靼女人則是你每走幾步都會遇到一個。

貨物裝載完畢後，我們進入河裡，並以過去的老方法讓中國海關官員少管閒事，他們也喊著同樣的話放手退下，「嘿，喔，怎麼回事？——太亂了——太亂了。」

之後一路上沒有什麼特殊的事，直到我們抵達英倫海峽上的唐斯（the Downs）。當戰船的小船來拉伕時，我已經蓄起了大鬍子，也讓自己髒亂不堪，盡可能顯得令人厭惡。如我們所料，他們進了貨艙，在裝水的大桶間搜尋。他們帶走了所有回話的人。我正慶幸著自己逃過一劫，但我的喜悅維持不久。他們帶走的其中一人一隻腿上生了膿瘡，因此小船把他送回來，他被留下了，我卻倒楣地被徵召。於是，我

所有的算計都化為泡影。我發現自己處於無法脫身的境地，承受著違反我意願而強加在我身上的束縛，除非戰爭結束，否則絕無離開的希望——我並非嫌惡這種生活，但是我已厭倦了流浪，而渴望再見到蘇格蘭。我的心始終向著我的故鄉，但是抗議與抱怨都同樣無濟於事。

於是我下定決心面對，即使期望破滅也要盡量快樂。我被帶上可敬的「鄧肯上將號」（Admiral Duncan）上。它是一艘旗艦，由現在官居上將的霍普（Hope）船長指揮。這艘可敬戰艦的眾多小艇把「諾丁罕號」上的人完全清空，它於是被迫由搬運工跟老格林威治水兵們送到河上游。第二天早上，我們這群原本屬於「諾丁罕號」的六十個人，都被送到有七十四門砲的「艾德格號」（Edgar）上，由查爾斯·亨利·諾爾斯[4]船長指揮。這是一七九四年的六月十一日，我被指派擔任砲手的助手。

我們到挪威的海岸去巡航，然後在昔得蘭群島停泊補給新鮮食物後，再前往蘇格蘭的利斯水道。此刻我徹底感受到遭受拘禁的不便，因為我希望能終結所有流浪而安頓下來的家鄉就近在眼前。「諾丁罕號」的貝爾福特船長對我非常好，於是寫了一封信給諾爾斯船長幫我說情。我請求獲准去岸上探望我的朋友，他也同意了，但是柯利斯上尉（Collis）卻不願通融，他說：「讓被強制徵召的人上岸到自己的家鄉，並不安全。」其實若我真能獲准上岸，也不打算離開「艾德格號」，為了對我如此好心的船長，我絕對不可能為了任何金錢逃走。開航之前，叔叔上船來看我，還有一些其他朋友也來探望我，讓我很開心。我們停留在利斯期間，七十四門砲船艦「頑強號」（Defiance）上爆發了叛亂，原因是他們的船長給了他們兌了五份水的酒，而一般應是兌三份水而已。此刻天氣嚴寒，叛變者稱這樣兌水的酒就跟棉布一樣薄，根本不足以禦寒。沒有任何水手可以忍受這樣的寒冷。如果他們是在天氣炎熱的緯度，會很高興喝到這種酒，因為裡面有很多水，但在那種情況下，他們反而拿不到這種酒。「艾德格號」被命令開到「頑強號」船邊，在必要時跟它開戰，以恢復船上的秩序。他們最終回到了自己的崗位上，我們因此得以避免這種恐怖的選擇。那艘船上的船員大都是漁夫，是壯碩而頑固的傢伙。在逼近它時，我感覺心裡如此沉重哀傷，不是因為我恐懼死亡或受傷，而是因為可能要對抗我的兄弟們。我也不相信「艾德格號」的船員會願意對他們開火，畢竟他們也認為「頑強號」的船員才是對的一方。如果他們真的如一艘法國的七十四門砲艦一樣，跟我們開戰，我們也不會佔上風，只會讓彼此都炸得粉碎，因為我們的火力相當。即使任何一方有勝算，也是屬於船員人數較多的「頑強號」。因此，當我們回到停泊處時，我簡直比得到退伍令和一百基尼金幣都更加歡欣雀躍，陰霾也隨即從船上每個人的臉上散去。

不久後，我們到北海去巡航，而在十月十七日遭遇恐怖的暴風。我這輩子沒碰過這麼大的危險，「艾德格號」是新近才開始服役，它的索具都是新的，還沒有經過充分磨練。整個恐怖的夜晚，有好幾個小時裡，我們只能被船首的斜桅和前桅拉著跑，接著是我們的後桅和主中桅，我們費盡力氣才把它們砍斷。不久之後，我們的主桅也在台子上鬆動了，而我們預計它隨時都會刺穿下方，到時候任何努力都無法讓我們幸免於難了。還好木匠靠著運氣，把它固定住了。在努力讓船停下來的過程中，我們失去了所有的錨跟纜繩，只剩下最後一組。好不容易風暴終於稍微平息，我們趕緊將應急桅的帆拉起，航向北英格蘭的漢柏港（Humber）。我們用僅剩的錨讓它停泊在這裡，而剛好賽維吉（Savage）船長指揮的「不屈號」（Inflexible）駛入視線所及範圍內，而將我們拉著跟在後面。沿岸貿易船經過時看到這幅景象都對「不屈號」喊道：「你們後頭拉著什麼戰利品？」但之後又有一陣強風掀起，「不屈號」只得拋開我們。當天氣再度緩和，我們便使盡全力盡快沿著斯溫河（Swain）

而上，到達占丹（Chatham）的布萊克斯德克。我身為砲手的助手之一，在風暴期間的職責是負責遞送要點燃求救砲的火藥，但是船搖晃得如此厲害，以至於每每都快要翻覆害得好幾門大砲滾入海中。我們也被迫丟掉所有的啤酒跟水，好減輕重量。但是出乎所有人意料之外，我們度過了風暴，包括船長在內的所有人，不久就被分派到七十四門砲的「巨人號」（Goliah）上，並迅速開航去支援約翰．傑維斯爵士[5]，協助圍攻土倫[6]。我們登上一艘西班牙船，發現三十個奧地利俘虜，他們所有人都加入我們成為海軍。

注解

1 巴達維亞（Batavia）：即今天的雅加達。十六世紀時稱為「Jayakarta」，一六二一年荷蘭東印度公司征服了這座城市，改名為巴達維亞，直到一九四二年日本佔領這城市後，再命名為雅加達。

2 「Tuck」可能意指「Tuck up」，可解釋為「to hang（絞死）」。

3 海珠砲台（Dutch Folly）：位於廣州珠江東河道。

4 查爾斯．亨利．諾爾斯（Charles Henry Knowles, 1754~1831）：皇家海軍上將，在一七九七年「聖文森海角戰役」後退役。

5 約翰．傑維斯爵士（Sir John Jervis, 1735-1823）：皇家海軍上將和英國國會議員。

6 土倫（Toulon）：法國瓦爾省南部地中海海岸的一個城市，為法國南部重要的海港。一七九五年，傑維斯爵士指揮「勝利號」（Victory）往直布羅陀進發封鎖土倫，並派兵力到義大利協助奧地利軍隊。一七九六年，拿破崙揮軍南下，傑維斯不得不從土倫撤走，然後在西班牙太加斯河上駐兵。

XIII

聖文森海角外的交鋒——圍攻加的斯——阿布基爾灣上的交火關於戰役的軼事——之後的事件——英軍登陸埃及——眼球炎——回到英格蘭

我們接下來航行到科西嘉島[1]上的聖佛倫薩灣（St Forensa Bay），以補充用水，但是發現法軍佔領了水源，而拿不到任何水。我屬於登陸小隊，負責火藥跟火柴，當需要摧毀庫房、破壞大砲、炸毀砲台時，我經常都得上岸，而我也樂在其中。我們帶走所有銅製大砲，而靠近岩岸邊緣的其他金屬的砲則被我們直接丟入大海。這對我們來說是很有趣的活動，但是我們不得不暫時拋開，航向直布羅陀去補給水和糧食。可是，我們在那也得不到任何補給，只能又航向里斯本，在那裡獲得豐富的補給，在此之前，我們的存糧和用水已經有一段時間很吃緊了。

在里斯本停泊期間，我們獲得陸上傳來的私人情報，說西班牙艦隊正在海上，我們即刻全速前進去追殺他們。很幸運的，我們在二月十四日破曉時，在聖文森海角外海看到了他們，這艦隊共有二十五艘帆船，大部分都是三層甲板船。我們只有十八艘，但我們是英國人，於是我們給了他們特殊的情人節慶祝方式。我們一進入他們的視線範圍內，一陣難以想像、也難以描述的忙亂立刻展開。平心而論，儘管每個人都全力忙碌起來，但仍團結在一致的秩序之下；每張臉上都流露出嚴肅的神情，卻沒有一絲懷疑或恐懼的陰影。我們對全面開戰感到欣喜，不是因為我們熱愛戰爭，而是因為我們都希望能自由回到自己的家鄉，追求自己的想望，而我們知道除了打敗敵人以外，沒有別的方法可以達到這個目標。「戰事越激烈，和平越早到」是我們謹記的一句話。

當敵軍已經進入視線時，砲孔開啟，火柴點燃，大砲推出，我們便會大吼三聲只有英國戰船才會發出的歡呼聲。他們經常跟我說，這比砲火齊發更能恫嚇敵人。這讓他們知道正義必將勝利，而秉持正義的勇士將把他們逼到無路可逃。在交鋒當時，我的崗位其實並不危險，卻很傷害我的情感，考驗我的耐性。我得守在後彈藥庫，從遮蔽毯後頭送上火藥，因此什麼都看不到。但是，我可以感受到擊中「巨人號」的每一砲，而傷兵的哭喊呻吟也讓人很煎熬，因為我和他們之間的距離，只是一層遮蔽毯的厚度。雖然我很忙碌，時間卻如千斤重擔壓在我肩上。除了四處巡迴，察看大家是否都平安的風紀官以外，沒有任何人跟我說話。病人渴望見到醫生，都不如我渴望聽到風紀官的聲音那樣急切。軍醫的副手在剛開始交戰時還會跟我說些話，但不久就忙於他自己的職責而焦頭爛額了。那些負責運送火藥的人則像野獸般狂奔，幾乎完全不張口說話。我真的寧可待在甲板上那一團忙亂當中，因為在那裡，時間會轉眼飛逝。「巨人號」受到猛烈的圍攻，有一段時間，有兩艘三甲板船同時攻擊它。但男人們冷靜地面對他們的砲火，彷彿之前一直在演練。艦隊司令命令「大不列顛號」（Britannia）來協助我們，而這艘配備四十二磅砲的「鋼鐵船」很快就讓他們轉向了[2]。在戰事快結束時，大家都已經非常疲憊。一個小夥子把頭探出舷窗外，說：「該，他們還不降旗投降嗎？」在我們看來，他們降旗是理所當然之事。

到最後，砲火聲終於止息，於是我來到甲板上，看看這場海上猛烈交鋒的後果，但那血腥與淒慘的情景，我實在無法以言語形容。我在「普洛提斯號」跟「驚奇號」上總共七年的時間裡，曾經數次與單一一艘船交火，而這是我第一次與整支艦隊對戰，雖然我只在其中貢獻了很小的部分。我們摧毀了數艘戰船，並擄獲了四艘三層甲板船。其中一艘，他們居然如此褻瀆上帝而稱之為「聖靈號」（Holy Ghost）——是我們很想擄獲的，但是他們將它拖走了。整個艦隊狀況如此殘破，我們於是看守著他們，停泊了二十四小時，修理我們的索具。其實真正難受的部分，是在交鋒之後才開始，船員們每天操勞到筋疲力盡，好幾天持續修理索具跟其他受損的部分，無一刻喘息。疲憊讓他們無精打采，完全沒有閒暇時間談論那場戰役，而當工作恢復正常後，我們也不想去談論那讓人難受的話題。當所有人都全力一搏時，誰又能多說自己做了什麼？我們同桌用膳的一個夥伴的鞋後跟被炸掉了，他沒破皮，但腿倒是腫脹而瘀青，瘸著腿好一段時間。在返回里斯本的路上，我們損失了艦隊裡的一艘「孟買城堡號」（Bombay Castle）。它因故擱淺，終至無法挽回，船上的所有船員都被救起。「巨人號」當時也遭遇重大危險，而諾爾斯船長因為自己的船也需要協助，而未提供救援，因此受審。不過，軍事法庭讓他光榮地無罪開釋，我們的中尉柯利斯吩咐我們不得在他上船時歡呼，但我們太敬愛我們的船長而無法克制。我們事先跟小艇舵手講好，如果他得以如他所應得的無罪開釋，就給我們一個信號。我們得到了信號，便顧不得柯利斯的禁令。我們爬上帆桁，發出三聲真心的歡呼。這船上沒有任何人不願意為諾爾斯船長兩肋插刀。但很遺憾的是，諾爾斯無法再擔任我們這艘船的船長。他是我跟過最好的船長之一，他榮升了上將，而搭著「大不列顛號」返回家鄉。

佛利船長[3]接掌了「巨人號」之後，我們便前去加入圍攻封鎖加的斯。我們停留在此，派出小艇去支援轟炸，掩護它們，直到尼爾森上將（Admiral Nelson）再度出來，從艦隊中挑出十三艘七十四門砲船艦，「巨人號」就是其中之一。它是全艦隊裡航行速度最快的一艘。我們沒有停下來補充用水，而是直接取用其他留守船艦的水，便立刻啟程，飛快行駛，卻不知目的地為何。我們在義大利南端的墨西拿海峽[4]停了下來。這裡有一艘美國戰船停靠，佛利船長命令它解纜離港，讓「巨人號」停泊在它的位置，因為這個位置極佳，靠近海岸。但是「強納森號」（Jonathan）不肯讓步，回答說：「我屬於美利堅合眾國，除非有正當理由，否則不會對太陽底下的其他國家讓步。」於是我們只得去別處停靠。我們只在這裡待了一段很短的時間，便得到情報說，法國艦隊正要沿海峽而上。我們於是航向埃及，但錯過了它們，便回到敘拉古[5]，在二十四小時內補給用水。我整晚沒睡地持續裝水。我們離開敘拉古的第二天，就與剛脫離艦隊的一艘法國雙桅帆船開戰。尼爾森上將將它收服，拉在船後，它便帶著我們來到它們艦隊在阿布基爾灣的下錨處。

我們把所有的錨都從船尾的艙口拉出來，上面有一個彈簧，並將纜繩拉過船側，讓錨卡在我們的船首，假裝船的方向沒有改變。這是為了防止他們的船艦迴轉，因為只有從船尾才能讓一艘船停下來。我們駛進法國艦隊跟海岸之間，防止敵人跟岸上有任何聯繫。一等它們進入視線範圍，上將的船便發出信號給所有船艦，同時上前開路，一邊往前，一邊對法國船艦開火，就如我們開玩笑所說的，讓他們「每個人都分到一顆子彈」。「巨人號」擔任前鋒，一馬當先。一艘法國快速帆船擋在我們路上，佛利船長喊道：「擊沉那畜生，它在這裡幹什麼？」片刻之間，它就沉入了海底，它的船員都紛紛逃到索具上。我們進入海灣時，太陽正要西沉，夕陽憤怒地火紅燃燒著。如果能由我選擇，我一定會選擇待在甲板上，在那裡，我就可以目睹所有的過程，也不會感覺時間的流逝如此沉重遲緩。不過，每個人都全心全力地堅守自己的崗位，不論是在「屠宰場」[6]還是彈藥房。

我就像二月十四日在聖文森海角的那次戰役一樣，沒見到多少交火場面。我的崗位是跟砲手一起在彈藥庫。進入海灣時，我們每個人都脫到只剩長褲，並打開艙房，搬出裡頭所有的火藥，並在經過每一艘船時，都對它開砲並歡呼三聲。我們得到的消息都來自幫忙送火藥的男孩子與婦女們，女人跟男人一樣英勇，並因此從「偉大閣下號」（Grand Signior）得到禮物作為獎賞。法國艦隊司令的船炸開時，「巨人號」也被猛力震了一下，害我們以為我們的船後半部也被炸開了，直到男孩子們

告知並沒有。他們不時傳給我們又有一艘法國船艦被擊中的令人雀躍的消息，我們甲板上的人也以由衷歡喜的歡呼回應。在交火最激烈的時候，一枚砲彈直接射入了彈藥庫，但是沒有造成損傷，因為木匠隨即將破洞堵起來，防止海水湧進來。我非常感謝砲手的妻子，因為她不時遞酒給我和她的丈夫，大大減輕了我們的疲憊。有些女人受了傷，其中一個來自利斯的女人重傷死亡，而被埋在海灣裡的一座小島上。還有一個女人，是愛丁堡人，在砲火正猛時生下了一個兒子。當我們終於停火時，我到了甲板上去察看艦隊的狀況，那真是悲慘恐怖的景象。整個海灣遍布屍體，血肉模糊的、渾身是傷的、還有焦黑如炭的，身上除了褲子外沒有一絲衣物。有好幾個法國艦隊司令船「東方號」（L'Orient）上的法國人游到「巨人號」，在船首下發抖。可憐的傢伙，他們被帶上船來，佛利船長命令他們去船務長室領取糧食與衣物。我在這些法國人身上觀察到大大不同於其他人的一點。當我們在對美國的戰爭中擄獲一艘法國船艦「夏特爾公爵號」時，那些俘虜開心得像是他們俘虜了我們一般，只說：「這就是戰爭的運氣」——今天你俘虜我，明天就換我俘虜你。而現在被帶上船的這些法國人，儘管感激我們的好心，卻顯得陰沉鬱悶，彷彿是喪失了屬於自己的船。關於戰爭時發生的奇特事，我只聽說了兩件。其一是一個小夥子奉命守著火藥箱，遞上火藥筒，並隨時關上箱蓋——這是很難熬的工作。有一次，有人要求火藥時，他沒有遞上，但他坐得直挺挺的，雙眼也睜著。有個人推了他一把，他便整個人趴倒在甲板上。他身上沒有一絲傷痕，但他確定是死了，便被丟入海中。另一件事，是一個小夥子手上拿著火柴要點燃大砲，正當他在點時，一擊砲火轟掉了他的手臂，只靠一點皮膚與身體連著。那根火柴掉在甲板上，他望向自己的手臂，看到發生了什麼事，便用左手抓起火柴，擊發了砲火，才跑到艙房去包紮。要不是他們跟我們一起用膳，否則我永遠也不會聽到這些事。另外還有兩個同桌用膳的人都喪生了，而我直到第二天才知道。榮耀的八月一日[7]，我一生中最忙碌的一晚，就這麼結束了。

在交鋒之後不久，整個艦隊就帶著戰利品離開了，留下「巨人號」擔任守衛船。我們一直待在這裡，直到七十四門砲的「提格雷號」（Tigre）取代我們，讓我們航向那不勒斯去重新裝備。在重新整備之外，我們航向馬爾他[8]，加入封鎖行列，就在那裡待了八個月，當中沒有什麼值得一提的事。到後來，「巨人號」滲水滲得如此厲害，我們不得不離開崗位，航向直布羅陀，在那裡補充用水之後，再航向英格蘭。我們在直布羅陀巨巖徵召了一些海軍，補充「巨人號」的員額。其中一個是高大壯碩的英格蘭人，一直是這地方的老大。他非常傲慢自大。船上的人經常為了使用爐火燒一壺水，而起爭執。我們當中有一個矮胖的愛爾蘭人派迪，已經在「巨人號」上待了許久，這個海軍把他的水壺推到一旁，派迪於是質問他為什麼。「因為我高興。」——派迪應道：「只要我還有一口氣在，就容不得你這樣。」「你想打架嗎？」這個英格蘭人說。「沒錯，我想，」派迪說。「看我把你打個落花流水。除非我被打死，否則我絕不善罷干休。」片刻內他們就決定決鬥，便來到甲板的最前端，以免被軍官看到。他們就在甲板上打了起來，我們則圍成一圈，免得他們被人看見。派迪說到做到，因為他真的把那個海軍打得落花流水，讓他不得不屈膝求饒，我們都很高興看到他滅了那名英軍的氣焰。「巨人號」在抵港時除了役，船員都被轉交給守衛船「威廉皇家號」（Royal William），並在司令的命令下，得以自由待在岸上兩三天。

接下來我被「拉米利斯號」（Ramilies）徵召，前往美麗島（Belleisle）；但只在這艘船上待了一段短時間，就被晉升拔擢，轉到亞歷山大．科克倫船長9的「亞傑斯號」（Ajax）上。我們啟程航向費羅爾10，想要打下幾艘船，但是沒有成功，然後我們前往阿爾及爾去補充用水，並護送一支運送士兵的艦隊，這些軍隊是由拉爾夫・艾柏克隆比爵士[11]指揮。在補充用水後，我們跟軍隊一起航向瑪瑪瑞斯灣[12]，軍隊在此找了一塊很好的土地紮營，一條小溪就穿過這土地中央。法國人才剛離開這裡，離開前做盡了壞事。我們在這裡停泊期間，一個名叫威廉・巴卡拉斯（William Balcarras）的技師搭上一艘護衛艦去偵察法國的工廠。他上了岸，達到目的後，乘著小艇離開，但被另一艘從岸上來的小艇跟蹤，他在到達護衛艦前被從背後射殺。我們離開瑪瑪瑞斯灣，航向羅得島，在那裡補充給騎兵隊的糧草。接著我們航向亞歷山卓，讓軍隊下船。

我也是登陸小艇的人員，科克倫船長是登陸指揮官，可以指揮軍隊的搶灘登陸。我們大約在半夜十二點鐘開始下船，並在大約清晨日出時抵達岸邊。我們悶不出聲地非常緩慢地划槳。這是個宜人的夜晚，海面平靜無波，四周也是一片死寂。沒有人開口說話，但是每個人都焦躁地看一眼岸上，又看一眼彼此，迫不及待地想趕緊上岸。每艘小艇載了大約一百人，而吃水不到九吋深。法國騎兵隊準備好迎接我們，但是我們很快就逼得他們節節後退，頭一天早上就有八千人登陸。由於法國人頑強抵抗，我們費了很大力氣才讓軍隊登陸，受傷的士兵則被帶回船上。

有一段時間，我們持續供給岸上的軍隊食糧跟用水，在軍隊挺進內陸後，我跟水兵留在岸上，協助圍攻亞歷山卓，並負責如苦力般的工作，切斷供應城市用水的尼羅河支流。拉爾夫．艾柏克隆比爵士在受傷後，要求「亞傑斯號」的一艘小艇將他送到醫療船上。

在我多年流浪生涯中去過的所有國家裡，我最受不了待在埃及。那裡的空氣如此乾燥，讓我很不舒服。這裡整體而言都是沙土遍地，貧瘠荒蕪，但是此地種植的作物卻很討人喜歡。在這城市投降的前幾天，我腹瀉得極厲害，而不得不上船去。當這城市投降，而軍隊的戰事也結束後，我們便航向馬爾他。這時候，我的眼睛已經發炎到完全看不見了，而且如此持續了六星期。我的痛楚異常嚴酷而無法躺下片刻，因為眼中持續流出的滾燙淚水會充斥在眼中，讓我飽受折磨。我只能坐在衣箱上，把眼睛浸在一盆清水裡。如果我睡著，就會在劇痛中醒來。在這期間，我的腹瀉也益發嚴重，但船醫不肯幫我止瀉，因為他說這有助於緩解我的眼睛發炎。我們來到馬爾他時，一個法國醫生用鴉片酊抹在我眼球上，治好了我，但敷藥過程也讓人疼痛不已。無論如何，感謝上帝，不久我就恢復了健康跟精神。我們從馬爾他航向直布羅陀，在那裡補充用水，然後航向英格蘭，而我在這裡歡欣雀躍地得知和平已經降臨，抵港後，我們不久就領得了所有報酬。我在退役時的軍階是海軍班長。

注解

1 科西嘉島（Corsica）：西地中海的一座島嶼，為法國最大的島嶼。

2 原注：「大不列顛號」是配備一百一十座大砲的一級戰船。只有它在下層甲板有四十二磅砲，在中層甲板有三十二磅砲。它是海軍有史以來所建造的最堅固的船，水手們因此稱它為「鋼鐵船」。

3 佛利（Thomas Foley, 1757-1833）：皇家海軍上將。

4 墨西拿海峽（Straits of Messina）：義大利西西里島和卡拉布里亞之間的海峽。

5 敘拉古（Syracuse）：義大利西西里島上的一座沿海古城。

6 原注：水手稱呼靠近主桅的下方甲板是屠宰場，因為它在船中央，而敵人主要都對準船身開火。

7 Glorious First of August：指「尼羅河口海戰」（Battle of the Nile），也稱為「阿布基爾灣海戰」（Battle of Aboukir Bay），是法國大革命戰爭中一次重要的海戰，發生在一七九八年八月一日與二日之間。

8 馬爾他（Malta）：地中海上的一個小島。

9 亞歷山大・科克倫（Alexander F. Cochrane, 1758-1832）：皇家海軍上將，拿破崙戰爭時期任高級指揮官。

10 費羅爾（Ferrol）：現為西班牙加利西亞自治區拉科魯尼亞省的一座城市，位於大西洋畔。

11 拉爾夫・艾柏克隆比爵士（Sir Ralph Abercromby, 1734-1801）：蘇格蘭軍人和政治家。

12 瑪瑪瑞斯灣（Mamarice Bay）：小亞細亞上的一個港灣。

XXIV

作者抵達愛丁堡——娶妻安頓，製桶維生
因恐被強制徵兵而被迫放棄生意——之後的事件
在考斯藍因無法工作而返回愛丁堡——期盼破滅——眼下的處境

我又再度成為自己生活的主人，而感覺如此快樂，像個瘋子似的。那些陸地上的人，如果能稍微感受一個水手沒有半點意願地被迫待在船上七年後，終於得到自由的快樂，肯定就不會怪罪他的行徑，甚至還會懷疑他怎麼沒有更加瘋癲。幾天後，我的理智稍稍恢復，於是開始思考接下來該做何打算。此刻距離我被強制徵兵上了「諾丁罕號」已經過了七年。在這段時間裡，我對莎拉的思念已經褪卻到遙遠而愉快的夢裡。一度想要找回她的強烈慾望，此刻已經消減成只想知道她下落如何的溫和好奇心。

此刻我獲得了大筆薪資，還將領得賞金，便在領取之後，南下到林肯郡去四處

打聽。但是自從九年前我親自到那裡之後，也再沒有人聽過莎拉的消息。於是我對於她的所有探聽到此終結，我動身前往蘇格蘭，決心安定下來，因為我現在年紀已經太大了，無法再為愛慕一個人而長途跋涉，況且我也不知道她究竟在世界的哪個角落，或者是生是死。

我為了浪跡天涯而遠離家鄉二十五年，終於回到了愛丁堡。在對美國的戰爭結束後，我只回來過這裡兩次，當時發現父親已經過世，我的兄弟也不知流浪何方。跟波洛克船長遠航回來後的那次，我只待了幾天，匆匆穿過這城市。至於在「艾德格號」上時，我從來不曾上岸，在愛丁堡我幾乎不認識任何人。在我離開的這段時間，它擴大了一倍。我現在穿梭的優雅街道，在我離開時還是一大片玉米田——對我而言，一切都是新鮮的。我承認，在目睹愛丁堡的美麗時我所感受到的真心喜悅與快樂，勝過我對任何外國風土的感情，因為現在我能覺得自己是屬於這裡的。我是個蘇格蘭人，我覺得這一切彷彿都是我的財產。在中國、在那不勒斯、在里約熱內盧，甚至在倫敦，我都覺得自己是個異鄉人，只能用好奇的眼光看待一切。但在這裡，我用一個兒子的眼光看著，見證自己父親的土地有了多麼大的進步。此刻的我，根本不會想到有一天自己會淪落在這些街道上晃蕩，只求找幾塊煤炭來暖暖我年邁的四肢！——但萬事自有那至高力量巧妙的安排，畢竟在我完全沒想到祂時，祂都仍在我每次身陷險境時保護我。

在我返回家鄉後的幾個星期，我覺得自己並非十分快樂。如我所料，我離家前認識的朋友現在幾乎都難以再相熟了；老者已然凋零，少者則已成人，還有許多人都去了異地。年少時，在我缺乏閱歷的心裡，福斯河的河口似乎就是一片大海，被愛丁堡的亞瑟山與周圍山脈環繞。但如今，當我見識過五湖四海之後，它相較之下似乎顯得如此渺小了。由於它們是我家鄉的風景，我一想到其他國家擁有的更壯觀的景色，便不得不感到難受。但它們屬於蘇格蘭，所以我仍深愛它們。我無法安定下來工作，只能到處遊蕩。最後我偶然遇見了我的表妹。我們曾經是小時候的玩伴，那友愛的親密一直延續到我出海前。我的心在她身上定下來，我們便結了婚。我向她鄭重發誓，在她有生之年，我再也不會出海。此時，我是真心想要安頓下來，好好做我的本業。我在城堡山（Castle-Hill）買了一間房子，布置陳設得很舒適，還預備了庫存的木柴和工具。我在皇后渡口的一家肥皂工廠盡我所能地承包差事，有一整年，我的前途如我所希望的一片光明，我度過有生以來最快樂的日子。但是幾個月後，戰爭再度爆發，徵兵拉伕隊又找上門來。我若繼續留在愛丁堡，肯定躲不過他們。妻子心慌意亂，發了狂似的催促我，一定要我賣掉所有庫存的製桶材料和大部分的財產，躲到鄉下去。但即便照做了，我仍然不敢在自己家裡睡覺，因為拉佚隊曾不只一次到我家裡來。

我於是去了距離愛丁堡九英里，屬於克蘭斯頓教區的考斯藍，住宿在一間叫作羅柏．穆迪（Robert Moodie's）的小客棧，不知道接下來該怎麼辦才好。我得住在大城市或港口城鎮，才可能找到桶匠的差事，但我又不能留在那樣的地方。最後我只能求助於狄克森先生，而從他那裡得到在石灰岩採石場的工作。我的職責是要把岩石上鑽洞，埋進火藥，讓採石工作容易些。我仍繼續住在羅柏．穆迪客棧，而妻子瑪格麗特偶爾會來探望我，直到我從狄克森先生那裡買了一間自己的房子，她就經常過來跟我同住。每個月我都期盼戰爭會在這個月結束，讓我能重回愛丁堡，但是英國似乎仍舊盼不到和平的曙光。我年復一年地期盼，但年年落空。在天氣好的時候，每天晚上，在整日勞動後，我都會坐在獻給巴托羅謬的教堂的草地上那座老風車旁，先是望著我不敢定居的愛丁堡，然後又望向滑過福斯灣的船隻，我會忍不住為自己當前的運氣長嘆一聲。我為了對瑪格麗特許下的承諾而無法上船（我一向說到做到），否則我肯定又會再度出海了。我就像困在籠中的鳥，眼看我渴望的一切就在四周，卻無法得到。

耕種我小屋旁的小菜園可以暫時佔去我的一些心思。當拉伕隊甚至來到了考斯藍，帶走了一個名叫穆瑞的鄰居時，我變得比較願意屈服於自己的命運了。他有一大家子人要養，而經由牧師和地方仕紳的幫忙才得以脫身。他受到徵兵一事，對我的寧靜帶來很大的打擊，持續了好幾個月。有很長一段時間，我每晚都睡在達爾基斯1或穆塞爾堡2，即使在大白天，只要採石場附近出現一個陌生人，我就會覺得極為不安。但長久下來，這種不安的感覺也消退了，我又恢復到以往對和平的平靜期盼，逐日安定下來。但是，一年過了又一年，我的前景仍舊沒有改變。

我此刻逐漸看出，這片土地比起大約一七六六年我小時候住在這裡時，有了多大的變化。我曾經跟叔叔在愛德蒙斯頓（Edmonstone）住了一段時間，那時這裡的人很少各自築起圍牆，農人都跟僕人住在一起。現在則到處是圍牆，而農人也成了鄉紳。過去在作物收割之後，達爾基斯會舉辦市集，這被稱為「放牛吃草時間」。牲畜在市集上都被容許隨意遊走，而農人們、他們的太太、女兒、僕人全都會來參加市集，只留一個女人看家。但現在農人如果會到市集，也只是為了買賣，不是為了玩樂，他們的妻子女兒則會認為被人看到出現在市集上是很不名譽的事。他們不再跟僕人一起用餐，而是與僕人分開生活，過得像貴族一般。如果一個僕人偶爾要跟主人說話，態度就必須像是跟艦隊司令說話一般——我一開始實在覺得很奇怪。

狄克森先生知道我急著探求外面的消息，因此會很好心地在他看完報紙後給我看。其他工人都會在我拿到報紙的晚上聚到我的小屋，由我念出來給大家聽，然後我們會一起討論重要的部分。其他人都對政府沒好感，除了一位去過東印度群島的老士兵以外，我們兩人總是站在同一陣線。有十四年的時間，我都是靠國王陛下吃飯，因此不容許別人污蔑他的政府。我只有來自那個老士兵的微弱支持，卻必須對抗其他所有人，但每當我快要被擊垮時，我就會講出一堆經度緯度來混亂他們，而那個老士兵則信誓旦旦地為我的話作證，於是我們巧妙地堅守了陣線，因為我們都是見過世面遊歷廣闊的旅人。他們講到稅負沉重時，我就談起中國，他們抱怨時機艱困時，我就告訴他們西印度群島的奴隸，但是這些似乎都無法讓他們信服。

當穆瑞被徵召時，我被迫要像個賊一般偷偷摸摸地度日，他們於是覺得自己大大勝利了，而且毫不留情地對我冷嘲熱諷。有人會問我是否還認為英國很自由？另一個問我，我還能為做這種事的政府辯護嗎？我啞口無言。我告訴他們：「迫於需要時，便無法律可言。」如果政府可以像訓練士兵那樣容易地訓練出水手，他們就不需要強制徵召水手了，而且我很高興我比他們所有人加起來都更有價值，因為政府根本不會徵召他們任何人，他們跟我比起來一點價值也沒有。

當英國海軍在特拉法加角[3]勝利的消息傳來時，就換成我對他們洋洋得意了。但除了那個老水手以外，沒有人能感受到我的欣喜。第二天我完全沒去工作，只是四處昂首闊步，享受著勝利的滋味。我不時就會萌生想要大聲歡呼的強烈慾望，便在心裡發出許多次無聲的歡呼。

我在考斯藍住了十一年。一年又一年過去，卻仍看不到和平的跡象。我快速地老去，工作對我而言變得太吃力。現在我已經五十八歲了，就算我想入伍服役，他們也不會收我了。因此我搬到愛丁堡，再度自立營生。我最初的那些雇主早就已經生意失敗，我也無法找到固定的差事，只好幫忙不過來的其他師傅工作。但製桶的生意也很差，我失業的時間經常比工作的時間還多。他們很少會雇用已經出師的工人，畢竟他們就跟我一樣，喜歡自己親力親為。

在我跟我表妹同住的這十七年裡，她從未幫我生下孩子。瑪格麗特在這麼長的時間裡，從未對我口出惡言或大發脾氣，但是每個人都有自己的缺點。我不想抱怨，不過我們花掉的錢多過我工作能賺進的錢，因此讓我在老年時陷入貧困。

四年前當她過世時，我被迫賣掉所有財產，只留下我自己住的一間小房間跟一個小地窖，用來做我好運時能接到的任何一點工作。我這麼做，是為了支付她的喪葬費用，及付清我所不知道的許多筆債務。由於我貧困到無法支付在教堂裡的一個位子，我只能在傍晚去里托教區的教堂（Little Church），即使我的家是在托博特教區（Tolbooth parish）。

戴維森醫師（Doctor Davidson）會以他神職人員的身分來探望我，我可以說他來訪時是我的寒酸住所唯一能一瞥陽光的時刻。我的長輩麥肯錫先生（Mackenzie）總是好心地給我票，讓我能去聆聽在城堡山的學校裡舉行的布道。戴維森醫生有一次來訪時，給了我幾先令，那真是上帝的恩賜，因為當時我家裡已經一毛錢都沒有了。

在去年八月，我的一個表親送給我足夠的錢，讓我可以前往倫敦。我搭上往倫敦的單桅船「獵鷹號」（Hawk）。我只是一個低等艙的旅客，但是過得跟頭等艙的旅客一樣好。經常有乘客照顧我，我的心情振奮許多。我又在海上了。我已經有二十年沒踏上甲板了，但經常都有一群人圍著我，聽我講述以前航行的經歷。所有人都對我好得不得了，我非常快樂。

一抵達倫敦，我就去尋找以前我跟過的波洛克船長，但是此時命運又再度捉弄

我。他在我抵達前六星期過世了。我離開了他家，因為哀傷他的過世而心情沉到谷底，也因為我原本最指望的就是得到他的援助，而失望不已。接著我去到薩默塞特府4，領取我服役的證明，我在對美國戰爭期間，在「普洛提斯號」和「驚奇號」上待了七年，而在對法國戰爭中，又在「艾德格號」、「巨人號」、「拉米利斯號」和「亞傑斯號」上也待了七年。但我被要求要先去海軍部辦公室，然後再回去薩默塞特府。可是當我在海軍部申請時，一個職員告訴我，我太晚申請了。於是我去找格林威治海軍醫院的院長，雖然我不認識他，但我相信格林威治醫院院長會幫助落難的水手。他的僕人卻告訴我他在蘇格蘭，於是我去找高爾船長，因為我曾救過他兒子的命，可是他也不在家。此刻繼續留在倫敦已經沒有意義，因為我的錢正快速地花掉。我搭上「熱愛號」（Favourite），一艘倫敦的單桅船，返回愛丁堡。在我抵達愛丁堡時，距離我踏上這趟失望之旅剛好四星期。我該怎麼辦？不論接下來命運之神如何安排，我都只能接受了。

結束水手生涯返家之後，有一度我完全沒想到應該申請退休金，因此才會等到真的急迫需要時，才試圖申請。

我只能盡可能地縮衣節食。一天兩次用烤焦的麵包屑（我從麵包店拿到的）做的咖啡色東西，是我主要的食物，我可以用幾便士買到的馬鈴薯或其他任何東西作為我的晚餐。我唯一的奢侈享受，就是我過去四十五年來都會抽的香煙。但我絕對不會淪落到乞討維生，如果我能夠為我過去在海軍的服役得到一點退休金，現在就不至於連最卑微的一點願望都無法滿足，也不至於如此刻，在我孤單一人的家裡，面對徹底的無助步步進逼。如果我被迫賣掉這裡，我所得到的錢絕對無法讓我維持溫飽，並支付租金超過一年，之後我就得去救濟院了，願上帝憐憫，我絕不願淪落至此。我可以認命地面對死亡，但我無法鎮定地面對救濟院。

我這輩子曾是個浪子，也曾愛好冒險犯難，但現在我只期盼登上我人生的最後一艘船，讓一片綠草落在我胸口，而永久地停泊，而且我毫不在意多快接到這命令。

注解

1 達爾基斯（Dalkeith）：小鎮名稱，現為蘇格蘭中洛錫安的行政中心。
2 穆塞爾堡（Musselburgh）：東洛錫安裡的小鎮，為蘇格蘭歷史最悠久的鎮落。
3 指的是「特拉法加海戰」（Battle of Trafalgar）：一八〇五年十月英國海軍打敗了法西聯合艦隊。
4 薩默塞特府（Somerset House）：位於倫敦，本為都鐸王朝時期的大型宮殿，十八世紀時由錢伯斯爵士重新設計，改建成公共事務機構。

編者言

在一八二二年春初，有人向我引薦了前述冒險經歷的口述者約翰．尼可，說他是個很有趣的人物，而且是全愛丁堡，甚至全世界，遊歷最廣的人。他走路的樣子十分虛弱，腰間圍著一條老舊的圍裙，放著幾塊他在街上遊蕩時撿到的很小塊的煤炭。根據我所知的他的經歷，這可憐老人的樣子更讓我難過。我請他到我店裡來見我，他在傍晚過來了。和他聊了一會之後，我就很訝異他所擁有的知識，與在這老水手心中甦醒的精神。我沒有固定收益足以供養他，也沒有錢可以給他。但我想到我能提供的，唯一永遠對他有用的幫助，就是由他口述，幫他記下他一生的經歷，或許還能幫他獲得他在海軍服役所應得的退休金。於是我盡可能按照他的話，一字一句記錄下來。他即使處於眼前這困頓貧乏的處境，仍是個滿足開朗的老人，保持著健康的生活習慣，並在曾雇用他製作木桶的雇主心中維持著良好形象。一個曾與他在「艾德格號」、「巨人號」與「拉米利斯號」上共事的夥伴告訴我，約翰是他所見過最清醒、最穩重的水手。我也從沒見過任何人比他有更強的記憶力，能這麼清晰地描述所目睹的一切事件，而讓任何紳士在讀到此文時如此愉快，就彷彿約翰在面前親口道來一般。

J・H[1]

愛丁堡，一八二二年十一月十二日

喬治・藍瑟（George Ramsay and Co.）印刷，一八二二年，愛丁堡

注解

1 約翰・霍威爾（John Howell）：英國「多樣藝術家」、發明家與出版人。除了本書外，還曾編寫 *The Life of Alexander Alexander, Journal of a Soldier of the Seventy-first* 等著作，被喻為「愛丁堡的狄福」（the De Foe of Edinburgh）。

國家圖書館出版品預行編目 (CIP)資料

在海上 : 約翰 .尼可的冒險與人生 / 約翰 .尼可 (John Nicol)著 ; 李淑珺譯 .
-- 初版 . -- 臺北市 : 網路與書出版 : 大塊文化發行 , 2013.04
184面 ; 14.8x20 公分 . -- (Spot ; 2)
譯自 : The life and adventures of John Nicol, mariner
ISBN 978-986-6841-24-8(平裝)

1.遊記 2.世界地理 3.美國史

719 102004804